wienfacetten

Winterliches Wien

Wo Wien im Winter
am schönsten ist

Sonja Urich

metro

Das vorliegende Buch beleuchtet eine von vielen Wiener Facetten. Es regt die Entdeckungslust an und hilft, das Bewusstsein für die Details dieser Stadt zu schärfen.

In der Reihe *wienfacetten* bisher erschienen:

Wien und die Pferde
Wiener Höhepunkte
Italienisches Wien
Wiener Frauenspaziergänge
Kaiser, Macht und Kirche
Wiener Orte der Stille
Wiener Hotels mit Charme
Wien und die Kinder
Wiener Walzer, Tango, Cha-Cha-Cha
Winterliches Wien

www.metroverlag.at
metro@lesen.at

gesamtherstellung: cpi moravia books gmbh
a-2100 korneuburg, industriestraße 1
isbn 3-902517-09-3
isbn 978-3-902517-09-8

Inhalt

Unser Wien im Winter

Ein Vorwort von Helmut Zilk und Dagmar Koller

Von unserer Wohnung im 1. Bezirk genießen wir einen herrlichen Ausblick auf die Wiener Innenstadt. Besonders in der vorweihnachtlichen Zeit sind Graben und Kohlmarkt stimmungsvoll beleuchtet und geschmückt. Wenn die ersten Schneeflocken fallen, der Duft von gebratenen Maroni und heißem Punsch in der Luft liegt, geht ein ganz besonderer Zauber von unserer schönen Stadt aus, dem man sich nur schwer entziehen kann.

Die Wiener Innenstadt bietet in dieser Zeit ein unvergleichliches Ambiente für zahlreiche zauberhafte Weihnachtsmärkte. Nicht weit von unserer Wohnung findet auf der Freyung einer der stimmungsvollsten Adventmärkte statt: Der Altwiener Christkindlmarkt, dessen Geschichte bis 1764 zurückgeht. Doch auch „jüngere" Adventmärkte locken mit ihrem Charme jedes Jahr unzählige Besucher an. Die Vielfalt an verschiedenen Märkten bietet wirklich für jeden Geschmack etwas.

Ist der Heilige Abend vorbei, rüstet sich die Stadt schon für den Silvester-Rummel, der alljährlich hunderttausende Besucher aus dem In- und Ausland anlockt. Wenn Sektkorken knallen, der Jubel der Menschen sich mit dem Läuten der Pummerin vermischt und wildfremde Menschen unterschiedlicher Sprachen miteinander Walzer tanzen – das ist das pulsierende Wien!

Festlicher geht es da schon auf einem traditionellen Wiener Ball zu. Tanzfeste zu feiern wusste man in Wien schon im Mittelalter. Und was wäre der Wiener Fasching ohne seine großen, glanzvollen Bälle? Das unvergleichliche Flair prunkvoller Ballsäle, die prachtvollen Roben der Damen und weltbekannte Walzerklänge – das alles macht den typischen Wiener Ball so unvergleichlich.

Wien bietet im Winter wirklich mehr als die Möglichkeit, ins Kaffeehaus zu gehen, ein Museum oder Theater zu besuchen und auf den Frühling zu warten. Eislaufen hat in Wien zum Beispiel eine sehr lange Tradition; wir haben zahlreiche Rodelstrecken, von denen zwei sogar beschneit werden, und auch Langlaufen und Schifahren ist mitten in der Stadt möglich!

Wie viele Möglichkeiten Ihnen also offen stehen, unserem Wien in der kalten Jahreszeit zu begegnen, möchte Ihnen der vorliegende Band zeigen. Wir wünschen Ihnen viel Spaß beim Durchblättern und Entdecken des winterlichen Wiens!

Dr. Helmut Zilk und Dagmar Koller

Spuren im Schnee

Ein Vorwort der Autorin

Der Winter in der Stadt muss nicht nur kalt und grau sein, vor allem nicht, wenn man in Wien ist. Denn schon Mitte November locken die ersten Adventmärkte hinaus ins Freie. Plötzlich sind wieder viele Menschen auf den Straßen unterwegs, treffen sich am Abend zum gemütlichen Zusammensein bei Punschhütten und Maroniständen.

Der Christkindlmarkt, das Neujahrskonzert oder der Silvesterpfad sind natürlich (welt)bekannte Highlights des Wiener Winters, doch es gibt noch vieles mehr zu entdecken und vor allem zu unternehmen, als Sie sich vorstellen können. Was das sein könnte? Schifahren zum Beispiel, oder Rodeln, das ist dank Beschneiungsanlagen auch ohne natürlichen Schnee möglich. Oder wie wär's mit einem riesigen öffentlichen Gschnas, oder soll es lieber ein festlicher Ball in historischem Rahmen sein? Und nach dem Feiern geht's ab zum Erholen und Entspannen in ein Bad. Wenn die Seele schon zu sehr nach Wärme und Farben lechzt, bringen tropische Palmen und bunte Schmetterlinge wieder Sommergefühle in den Alltag.

Dieser Band zeigt Ihnen viele Möglichkeiten, den Winter in Wien abwechslungsreich zu gestalten. Wienerinnen und Wiener bekommen Tipps, die eigene Stadt in der kalten Jahreszeit mit anderen Augen zu sehen, und Wien-Besucher können die Stadt einmal abseits der bekannten Touren erkunden.

In diesem Sinne: Viel Spaß beim Lesen und Entdecken des winterlichen Wiens!

Sonja Urich

Vor allem im Winter, wenn der frostige Wind bläst und man müde und durchgefroren ist, bietet sich ein Kaffeehaus als Ort der Zuflucht und Wärme geradezu an. Friedrich Torberg hat gleich ein ganzes Kapitel seiner „Tante Jolesch“ dieser Wiener Institution gewidmet: „Kaffeehaus ist überall“, heißt es. Und das trifft auch heute noch zu.

Die Wiener Kaffeehauskultur mit ihren vielen verschiedenen Kaffeearten ist ebenso weltberühmt wie legendär. Hierher kommt man nicht nur zum Kaffeetrinken; hier wird Zeitung gelesen, philosophiert und politisiert; hier treffen sich Geschäftsleute zu Besprechungen, Studenten zum Lernen und Touristen zum Studieren von Stadtplänen. Für so manchen Wiener ist „sein“ Kaffeehaus zum zweiten Wohnzimmer geworden.

Das zweite Wohnzimmer

Café Prückel

I., Stubenring 24
Tel. 512 43 39
www.prueckel.at
U3 Stubentor

Ein Paradebeispiel dafür ist das Café Prückl am Ring. Über 100 Jahre ist es her, dass der ehemalige Europaradrennmeister Maxime Lurion, eine schillernde Persönlichkeit seiner Zeit, in dem prächtigen Ringstraßengebäude am Stubentor, der ehemaligen Ostpforte Wiens, ein Kaffeehaus, das Café Lurion und spätere Prückel, einrichtete. Gestaltet wurde das Café in der typischen U-Form der Ringstraßencafés, also auf drei Seiten des Hauses. Seit 1919 ist es im Besitz derselben Familie, die aus dem Prückel nicht nur ein gemütliches, familiäres Kaffeehaus gemacht hat, sondern auch einen kulturellen Knotenpunkt mit literarischen Veranstaltungen und Konzerten (einen Veranstaltungskalender findet man auf der Homepage). Nach dem Zweiten Weltkrieg gestaltete der Ar-

chitekt und Designer Oswald Haerdtl den gesamten vorderen Trakt im Stil der 50er-Jahre, der sich bis in die kleinsten Details – betrachten Sie beispielsweise die perforierten Leselampen in Spitzkegelform – bis heute erhalten hat.
Unbedingt probieren sollten Sie hier die frischen Strudel oder Kuchen. Seinem Ruf als Altwiener Kaffeehaus gerecht, wird das Prückel auch mit seinen „historischen" Kaffeespezialitäten „Kaiserin Maria Theresia" (Großer Mocca im Glas mit Orangenlikör und Schlagobers) und „Erzherzog Johann" (Mocca mit Cognac, Kaffeelikör, und Schlagobers mit Zimt).

Das Café Prückel ist der Vereinssitz des Kulturvereins Innere Stadt, der mit seinem abwechslungsreichen Kulturprogramm seit Jahren die Wiener Szene belebt. Genießen Sie im Kulturcafé interessante Lesungen, Ausstellungen und Kabaretts und das meistens bei freiem Eintritt!
Infos unter Tel. 0664-588 74 75 und www.kulturverein.at

Dass man in einem Kaffeehaus gut aufgehoben ist, das wusste auch schon der Schriftsteller Reinhold Schneider. Er verfasste 1957–1958 sein letztes Buch „Winter in Wien" an seinem „Arbeitsplatz" im Café Prückel am Stubenring. Neben seinem Stammtisch gegenüber der Kuchenvitrine, der ihm vom Ober immer freigehalten wurde, hat man zu seinen Ehren ein Porträt angebracht. Cafetiére Kommerzialrätin Christl Sedlar gibt auch gerne Auskunft über die Gewohnheiten des Schriftstellers.

Mehrere Legenden ranken sich um die Entstehungsgeschichte des Wiener Kaffeehauses. Die bekannteste erzählt von Georg Franz Kolschitzky als erstem Kaffeesieder Wiens. Als Belohnung für seine heldenhaften Taten während der Türkenbelagerung erbat er sich im August 1683 die von den Türken zurückgelassenen Kaffeesäcke. Das bittere Gebräu, das Kolschitzky anbot, war jedoch kein Renner. Erst durch die zufällige Beigabe von Zucker und Milch – die Urform der Wiener Melange sozusagen – fand der Kaffee Anklang bei den Wienern.

Die vergessenen Kaffeesäcke

Kaffeemuseum

V., Vogelsanggasse 36
(Wirtschaftsmuseum)
Tel. 545 25 51
www.kaffeemuseum.at
Mo–Do 8–18 Uhr, Fr 8–14 Uhr
U1 Keplerplatz, dann Bus 14A Fendigasse

Die Kaffeehäuser entwickelten sich bald zu beliebten Treffpunkten, im Jahr 1714 gab es bereits elf konzessionierte Kaffeesieder in Wien. Schon damals gab es im Kaffeehaus, das als abwechslungsreiche Alternative zum einfachen Wirtshaus gerne besucht wurde, Zeitungen, Billardtische und das legendäre Glas Wasser zum Kaffee. 1750 durfte der Cafetier Tarroni zum ersten Mal Tische und Sessel vor seinem Café am Graben im Freien aufstellen. In der Josephinischen Zeit, Ende des 18. Jahrhunderts, erreichte das Wiener Kaffeehaus seine erste Hochblüte. Wenig später aber kam es unter Napoleon aufgrund der Kontinentalsperre zu einer Verknappung von Kaffee. Man war gezwungen, auf Ersatz wie Feigen, Roggen, Gerste und Zichorie zurückzugreifen. Der Wiener Kongress brachte wieder den erhofften Aufschwung – zahlreiche neue, luxuriöse Kaffeehäuser mit Lustern, Spiegeln, Plüsch und Silbergeschirr entstanden in der Biedermeierzeit. Bekannt war damals Ignaz Neuners „Silbernes Kaffeehaus“ in der Spiegelgasse, das Dichter wie Grillparzer, Raimund, Castelli und Bauernfeld frequentierten. Neben solchen Literatencafés gab es die berühmten Konzertcafés, wo Lanner, Strauß und Ziehrer verkehrten. Auch Maler und Künstler hatten „ihre“ Kaffeehäuser. Sehr beliebt waren die Kaffeehäuser im Prater, wo noble Herrschaften nach einem Spaziergang einkehrten und junge Adlige auf Brautschau gingen. Die Weltausstellung 1873 verhalf dem Wiener Kaffeehaus zu internationaler Bekanntheit – zahlreiche Cafés nach Wiener Vorbild entstanden daraufhin in aller Welt.

Suchen Sie eine alte Kaffeemaschine? Die Oldtimerbörse des Kaffeemuseums bietet die Möglichkeit, alte Maschinen zum Kauf oder Tausch anzubieten. Außerdem kann man historische Kaffeemaschinen objektiv bewerten lassen.

Wollen Sie noch mehr über dieses Genussgetränk erfahren? Das Kaffeemuseum und Kaffee-Kompetenzzentrum des Vereins für Kaffeekultur lässt keine Frage rund um den Kaffee unbeantwortet. Schulungen zum Thema Kaffeezubereitung, Kaffeepflanzen und -kultur gibt es für Privatpersonen und Gastronomen. In gemütlichem Ambiente finden beim Nachmittagskaffee außerdem Lesungen und Vorträge statt. Probleme mit dem Umgang mit der neuen Kaffeemaschine? Ein Ersatzteil ist nicht aufzutreiben? Auf der Suche nach einem außergewöhnlichen Kaffeerezept? – Hier wird Ihnen geholfen!

Auf einen Kaffee gehen, ist sicher eine der liebsten Freizeitbeschäftigungen der Wiener. Doch Kaffeehaus ist nicht gleich Kaffeehaus – die Gastronomiewirtschaft kennt auch das Kaffee-Restaurant, die Kaffee-Konditorei und ein Espresso. Einen „Überstürzten Neumann“ (Schlagobers in einer leeren Kaffeetasse wird mit einem doppelten Mokka übergossen), einen „Obermayer“ (doppelter Mokka, der auf kaltes flüssiges Obers mittels umgedrehten Kaffeelöffel aufgesetzt wird) oder einen „Franziskaner“ (lichte Melange mit Schlagobershaube) sucht man dort aber vergeblich. Solche Wiener Spezialitäten bekommt man nur in einem traditionellen Wiener Kaffeehaus. Hier sind dann auch die typischen kleinen Marmortischchen, Nischenplätze und gepolsterte Bänke zu finden, die die Wiener Kaffeehausatmosphäre ausmachen. Nicht zu vergessen natürlich den freundlich reservierten und stets diskreten Ober in schwarzem Anzug und weißem Hemd.

Jedem sein Kaffeehaus

Café Central

I., Ecke Herrengasse/Strauchgasse
Tel. 533 37 63
www.ferstel.at
U3 Herrengasse

Im Café Central sitzt der Schriftsteller Peter Altenberg – als Pappmaché-Figur. Der Dichter (1859–1919) hatte hier nicht nur seinen Stammtisch, sondern auch seine Postanschrift! Mit Adolf Loos, Egon Friedell, Karl Kraus und Alfred Polgar befand er sich dabei in bester Wiener Gesellschaft.

Das Palais Ferstel, in dem das Café von Anfang an beheimatet ist, wurde vom jungen Architekten Heinrich von Ferstel – inspiriert von einer langen Italienreise – 1865 bis 1860 erbaut. Wundern Sie sich also nicht, wenn Sie angesichts der Balkone, Arkaden und Treppenaufgänge an einen venezianischen Palast erinnert werden! Die Wiener Börse war übrigens ebenso in diesem Prachtbau untergebracht wie die Österreichisch-Ungarische Nationalbank. Seine Blütezeit erlebte das Café Central als künstlerisch-geistiges Zentrum des Fin de siècle: 250 Zeitungen aus aller Herren Länder und sogar Nachschlagewerke lagen hier auf. Ende des vorigen Jahrhunderts wurde das gesamte Palais Ferstel originalgetreu renoviert. In neuem Glanz erstrahlt auch die imposante Säulenhalle – übrigens die ehemalige Schalterhalle der erwähnten Bank – in der das Café Central untergebracht ist. Heute ist vom geschäftigen Treiben nichts mehr zu spüren, ganz im Gegenteil: In gemütlicher, ungezwungener Atmosphäre munden Kaffeespezialitäten, hausgemachte Mehlspeisen und feine Wiener Küche. Beschwingt geht es am Nachmittag zu, wenn von 15.30 bis 18.30 Uhr der Pianist in die Tasten greift. Dann geht es weiter mit Live-Salonmusik bis 21.30 Uhr (sonntags von12 bis 16 Uhr).

Wenn Sie von den feinen Mehlspeisen im Café Central nicht genug bekommen können, schauen Sie gleich gegenüber in die Café Central Konditorei. Dort können Sie die süßen Köstlichkeiten auch mit nach Hause nehmen.

Der Duft ferner Länder

Teehandlung Rudolf Schönbichler

I., Wollzeile 4
Tel. 512 18 68
www.schoenbichler.at
U1, U3 Stephansplatz

Eine Tasse heißer Tee wärmt herrlich an kalten Wintertagen und ist noch dazu gesund. Die Wiener Teehäuser bieten ein umfangreiches Sortiment an verschiedensten Teesorten und Teezubehör. Ob Schwarztee, Grüntee, Oolong, Rooibush, Lapacho, Honeybush, Kräutertee oder Früchtetee – die außergewöhnlichsten Sorten lassen das Herz jedes Teefreundes höher schlagen. In gemütlichem Ambiente kann man in aller Ruhe eine Tasse seines Lieblingstees genießen oder eine neue Sorte ausprobieren. Fachberatung versteht sich in den Teehäusern von selbst, Tipps für die Zubereitung daheim werden mitgeliefert.

Eines der ältesten dieser Häuser ist die Teehandlung Schönbichler in der Wollzeile, die seit 1870 als Familienbetrieb geführt wird. Ihr Firmengründer, Johann Schönbichler, belieferte Anno dazumal das gesamte Habsburgerreich. Er bereiste die Teeplantagen alle selbst und konnte sämtliche Teesorten nur durch ihren Geruch voneinander unterscheiden. Tea-Tastings und fachgerechte Beratung werden hier auch heute noch ganz groß geschrieben: Sind Sie im Zweifel, welchen Tee Sie mit nach Hause nehmen möchten, werden Sie gleich in den ersten Stock zum Verkosten in die Teegalerie begleitet, Teebeschreibung inklusive. Die orangen Polsterbänke mit den kleinen Tischchen sind hier so gemütlich und einladend, dass man gerne eine Tasse länger bleibt.

Der Tee kam bereits zu Beginn des 17. Jahrhunderts nach Europa, er wurde vorerst als Medizin in Apotheken verkauft. Als Getränk war Tee lange Zeit – zumindest in Wien – nicht sehr populär. Elisabeth Charlotte von Orléans, eine deutschstämmige Herzogin, meinte dazu: „Thee kombt mir vor wie Heu und Mist, mon Dieu …“ Erst im Biedermeier gehörte er zum guten Ton in den Salons und avancierte zum Getränk der Oberschicht.

Bei Schönbichler gibt es immer passende Saisontees, an denen man als Teeliebhaber kaum vorbeikommt! Wer kann schon beim „Wintertraum“ – Ceylon-China-Blend mit Mandelstücken, Sonnenblumen-, Kornblumen- und Saflorblüten mit zartem Mandel-, Wildkirschen- und Zitronenflavour – widerstehen?

Wichtig für die Zubereitung von Tee war schon immer eine gute Wasserqualität. Kaiser Franz Joseph und Elisabeth ließen sich das Trinkwasser täglich von einem Maultiergespann von Schönbrunn in die Hofburg bringen. Viele Bürger der Umgebung holten sich das Wasser zur Teezubereitung ebenfalls von dem „schönen Brunnen“, der dem Schloss seinen Namen gab. Eine „Brunnenfrau“ achtete darauf, dass der Brunnen sauber blieb und das Wasser nicht verschwendet wurde. Die letzte Brunnenfrau hatte ihre Dienstwohnung im Schloss im „Finsteren Gang Nr. 71“, sie starb Ende der 1990er-Jahre im hohen Alter von 99 Jahren.

Noch mehr Tee

Demmers Teehaus

I., Mölkerbastei 5
Tel. 533 59 95
www.tee.at
U2 Schottentor

Demmers ist vielen Wienern schon zum Inbegriff für Tee geworden, auch wenn es das Unternehmen erst seit 1981 gibt. Mittlerweile haben sich sieben Filialen in Wien niedergelassen, sowie einige im Ausland. Als beliebter Treffpunkt für alle Teegenießer hat sich Demmers Teehaus in der Mölkerbastei etabliert. Stararchitekt Luigi Blau hat das Etablissement geplant und dem Portal, der Auslage, den Regalen und dem Stiegenaufgang sein typisches Aussehen verliehen. In der Teestube im Obergeschoß lassen sich in aller Ruhe neue Teesorten ausprobieren – und zwar auch solche, die nicht auf der Karte stehen. In der Vitrine locken zudem immer leckere, zum Tee passende süße und pikante Snacks. Vielleicht haben Sie Glück und erwischen noch einen freien Platz auf der gemütlichen Couch gleich beim Stiegenaufgang. Doch auch an den kleinen Tischchen mit ausgedienten Teekisten als Tischplatten kann man bei einem gemütlichen Tratsch seinen Tee genießen.◂

Weil Teeliebhaber meist Genussmenschen sind, hat Demmers auch herrliche Schokoladen und feine Marmeladen im Sortiment. Die Schokoladen gibt es in den Varianten stimulierend (mit Kaffee), verdauungsfördernd (mit Zitrone), entspannend (mit Orange) und sogar „anti-aging" (mit schwarzen Ribiseln)!

Die zahlreichen Punschstände sind aus dem vorweihnachtlichen Wien nicht mehr wegzudenken. In nahezu jedem Bezirk trifft man sich dort nach der Arbeit noch zu einem gemütlichen Zusammensein. Damit der Alkohol nicht so schnell in den Kopf steigt, gibt es meist kleine Imbisse wie belegte Brote und Weihnachtsbäckerei dazu. Oft stellen sich Prominente in den Dienst des guten Zwecks und schenken aus. Der beste Treffpunkt in der Innenstadt ist die Punschhütte des Lions Club am Graben. Hier kann man mit ruhigem Gewissen ein paar Euro mehr für köstlichen Punsch oder Lebkuchen ausgeben, kommen doch die Einnahmen ausgewählten karitativen Projekten zugute.
Ursprünglich stammt der Punsch aus Indien. Das Wort Punsch kommt vom Hindi-Wort panc, das fünf bedeutet und die fünf Grundzutaten Arrak, Zucker, Zitrone, Gewürze und Tee meint. Englische Seefahrer der East India Company brachten den Punsch vermutlich im 17./18. Jahrhundert mit nach Europa.

Gut gebraut

Lions Punschstand

I., Am Graben
www.lions.at
U1 Stephansplatz

Wenn sich das Kochen nach dem Punschtratsch nicht mehr ausgeht, bietet Meinl to go einen hilfreichen Service: leckere Suppen und Salate, Pasta oder Quiche können fertig zubereitet mitgenommen werden.
Do und Fr bis 20 Uhr
und Sa bis 18 Uhr.
I., Meinl am Graben, Graben 19
Tel. 532 33 34 6200
www.meinlamgraben.at

Wenn man in der nebeligen Stadt unterwegs ist, die Finger von der Kälte klamm sind und es noch dazu zu nieseln beginnt, taucht oft unvermittelt aus dem Grau ein Maronistand auf. Eine willkommene Gelegenheit, eine Rast einzulegen, sich in der Nähe des Ofens zu wärmen und mit den Umstehenden über das Wetter herzuziehen. Dem Ruf der Maronibrater („heiße Maroni" oder, nicht ganz so verständlich, „A Maroni hamma da!") geht dabei oft schon der Duft der gebratenen Edelkastanien voraus.

Heiße Maroni!

Maronibrater

I., Stock im Eisen-Platz
(vor dem Geschäft Augarten)
U1 Stephansplatz

An allen Ecken sprießen die Maronibrater zu Beginn der Maronisaison, die von Oktober bis März dauert: Rund 180 gibt es davon in Wien. Laut Schätzungen essen die Wiener in dieser Zeit ungefähr eine Million Kilo Maroni. Traditionell gibt es an den Maroniständen aber auch Bratkartoffeln und Kartoffelpuffer zu kaufen.

Ursprünglich wurde durch ein Patent Maria Theresias den Gottscheern (Warenhändler aus dem heutigen Slowenien) erlaubt, in Österreich mit den Edelkastanien umherzuziehen. Im 19. Jahrhundert boten in Wien vor allem Tiroler Wanderhändler die heißen Maroni an. Die Tiroler „Käschten" wurden in einer eisernen Pfanne am offenen Feuer geröstet. Im Wien um die Jahrhundertwende waren die Maronibrater aus dem öffentlichen Stadtbild nicht mehr wegzudenken; sie zählten – wie auch die Wäschermadeln, die Dienstmänner, die Fiaker oder die Lavendelfrauen – zu den „Wiener Typen".

Die in Wien heute erhältlichen Edelkastanien stammen fast ausschließlich aus Italien.

Die oftmals alt eingesessenen Maronibrater erfüllen durchaus auch eine soziale Funktion, denn so mancher Wiener teilt mit „seinem“ Maronibrater alle seine Sorgen und Freuden. Ein Stanitzel heißer Maroni wärmt nicht nur herrlich die klammen Finger, sondern stillt auch den Hunger zwischendurch. Denn dass Maroni gesund sind, wusste schon Hildegard von Bingen, die jedem, dem „das Gehirn durch Trockenheit leer ist, und der daher im Kopf schwach wird“ empfahl, sogleich Maroni zu essen.

Tatsächlich sind Maroni ein gesunder Sattmacher: sie enthalten wenig Fett, haben aber einen hohen Anteil an Kalium und Magnesium, enthalten Vitamin C und E sowie Folsäure. B-Vitamine sorgen für die Stärkung des Nervensystems und der Immunabwehr.

Ein heißer Tipp, um sich von der Qualität der Früchte zu überzeugen: Die Schnittstellen müssen sichtbar geöffnet sein und die Schalen sollen sich leicht von den Früchten ablösen.‹

Nachdem 2004 Hans Maly, das Wiener Maroni-Original, nach 24 Jahren in Pension gegangen ist, ist mit ihm auch ein Stück Wiener Tradition verloren gegangen. Auf die guten Maly-Maroni muss man jedoch nicht ganz verzichten: Frau Maly bietet die Edelkastanien im Rahmen ihres Caterings für Feste und Feiern rund um das Thema an. Auch der Maroniofen ist zu mieten, Frau Maly unterstützt Sie zudem mit Tipps für das Maronibraten zu Hause. Infos unter Tel. 0664-172 20 90

Gerade im Winter, wenn es oft bis in den Vormittag hinein dunkel ist, und man am Wochenende länger im Bett bleiben möchte, ist die Lust auf ein ausgedehntes Frühstück besonders groß. Ist es für ein Frühstück schon zu spät, macht man am besten gleich einen Brunch daraus. Ganz gemütlich, wie im eigenen Wohnzimmer, kann man das im High Tea im vierten Bezirk tun. Auf 400 Quadratmetern laden verschiedene Sofas und Fauteuils zum gemütlichen Genuss mit Freunden. Brunch-time ist um 9.30 und um 12 Uhr, eine Vorreservierung ist zu empfehlen, wodurch die Chancen auf Ihre Lieblingscouch gleich um 100 Prozent steigen! Spezialität des Hauses sind die „Original Bagels“ und die „tasty Toasties“, die mit einer englischen Toastmaschine gemacht werden. Wenn Sie nicht so viel Zeit zum Genießen und Herumlungern haben, werden Sie in der „schnellen Ecke“, der T-Bar mit Blick in die Küche, prompt bedient. Im T-Outlet, dem dazugehörigen Shop, ist übrigens das gesamte Demmers Sortiment erhältlich, mit über 200 Teesorten und den passenden Accessoires.<

Bagels und Toasties

High Tea

IV., Paniglgasse 17
Tel 504 15 08
www.hightea.at
U1, U2, U4 Karlsplatz

Sie möchten nicht nur gemütlich essen, sondern auch mit dem mitgebrachten Laptop gratis surfen? Im High Tea kein Problem: T-Chat mittels Funk-LAN, solange der Akku reicht!

Im Blaustern unter den Stadtbahnbögen lässt sich der Tag gut an. Nachtvögel, die ihre Tour beenden, sind hier ebenso anzutreffen wie Frühaufsteher und Langschläfer. Das überbackene Blausternweckerl, das angeblich frische Kräfte weckt, ist für alle ein guter Tipp. Von den Frühstücksvarianten ist das reLACHSed Frühstück besonders zu empfehlen: Der schottische Wildlachs kann auch durch Roastbeef ersetzt werden, der Prosecco passt in jedem Fall dazu. Das Besondere im Blaustern ist jedoch der hauseigene Kaffee: Die Kaffeebohnen werden täglich frisch geröstet, und zwar gleich hinter der Bar, sodass Sie beim Rösten „mitriechen" können. Der blaue Stern kennzeichnete ursprünglich jeden Jutesack mit Rohkaffee aus Lateinamerika. Seit 1888 ist er Markenzeichen einer St. Pöltner Rösterei. Nach wie vor werden feinste Arabica-Sorten aus ökologischem Anbau verarbeitet.

Kaffee frisch geröstet

Blaustern

XIX., Döblinger Gürtel 2
Tel. 369 65 64
www.blaustern.at
U6 Nussdorfer Straße

Haben Sie Lust bekommen, Kaffee mit nach Hause zu nehmen? Den frisch gerösteten Blausternkaffee können Sie nur hier erwerben!

Das Blaustern ist etwas für Stadtmenschen: Ganz bewusst reduzierten die Architekten die Barriere zwischen innen und außen durch die Verglasung der Straßenfront zum befahrenen Gürtel hin. Im Inneren sorgen als Ausgleich gebeizte Birke und anthrazitgrauer Terrazzo für eine ruhige Atmosphäre.

Darling, ich bin im Kino

Filmfrühstück im Votivkino

IX., Währinger Straße 12
Tel. 317 35 71
www.votivkino.at
U2 Schottenring, dann Straßenbahn 37, 38, 40, 41, 42 Schwarzspanierstraße

Ein frostiger Wintersonntag steht an. Sie möchten zwar ausschlafen, aber trotzdem nicht den ganzen Tag im Bett verbringen und Lust auf großartige Unternehmungen im Freien kommt auch nicht auf. Wie wär's mit einem Kinobesuch mit vorangehender Stärkung in Form eines ausgiebigen Frühstücks? Das Filmfrühstück im Votivkino bietet beides: Jeden Sonntag (von Oktober bis Juni) gibt's ab 10.30 Uhr – Zeit genug also zum Ausschlafen – Kaffee oder Tee soviel sie wollen, Orangensaft, knuspriges Gebäck mit Butter und Marmelade, Schinken, Wurst und Käse. Ein Ei gefällig? Kein Problem, auch für Sonderwünsche ist man gerüstet! Drei Filme stehen zur Auswahl, die Vorführungen beginnen jeweils um 12 bzw. 12.30 Uhr. Das aktuelle Programm erfahren Sie auf der Homepage des Kinos, eine Reservierung der Frühstücksplätze ist ratsam. Wenn Sie lieber zu Hause frühstücken, können Sie sich selbstverständlich auch nur den Film ansehen. Auch umgekehrt ist das möglich: Sie kommen nur zum Frühstück!

Das Kino hat in Wien eine lange Tradition, in den letzten Jahren ist wieder ein enormer Aufwärtstrend zu verzeichnen. Auch im Vergleich zu anderen Großstädten ist Wien am Kinosektor etwas Besonderes: In Berlin, das doppelt so groß ist, gibt es zum Beispiel genauso viele Kinoplätze wie in Wien! Das Votiv Kino ist eines der ältesten noch bestehenden Wiener Kinos. 1912 wurde es als Votivpark-Kino eröffnet und blieb lange Zeit eines der wichtigsten Erstaufführungskinos der Stadt. Seit der in den 1960er-Jahren einsetzenden Kinokrise stand es immer wieder knapp vor dem Zusperren. Im Dezember 1985 wurde es vom Programmkinoverleih filmladen übernommen und als Votivkino weitergeführt. Mit einer Programmlinie, die versucht, Qualität mit Vielfalt zu verbinden und gleichzeitig einen möglichst großen Personenkreis ansprechen will, etablierte sich das Votivkino bald als besucherstärkstes Programmkino Österreichs. Zahlreiche Filme, die mit Preisen der wichtigsten internationalen Filmfestivals ausgezeichnet worden sind, fanden hier ihre Erstaufführung.

Von September bis Juni bietet das Votivkino ein ausgewähltes Kinderprogramm abseits der Disney-Großfilmprojekte an. Jeden Samstag- und Sonntagnachmittag sowie an Feiertagen. In den Weihnachts-, Semester- und Osterferien auch an Wochentagen. Programm anfordern unter www.votivkino.at

Ein ganz besonderes Ambiente für einen abendlichen Barbesuch bietet das Volkstheater. Wenn der Vorhang nach der Vorstellung fällt, öffnet die Rote Bar ihre Tore nicht nur für Theaterbesucher. Durch den kleinen Eingang links neben dem Haupteingang gelangen Sie in den ehemaligen Pausenraum des Theaters. Das plüschige Flair mit den Samtvorhängen, den Textiltapeten, goldenen Schnörkeln und den Kristalllustern lässt die Winterkälte draußen gleich vergessen. Die Architekten Achhorner und Jarder haben eine geschwungene, s-förmige Bar ganz in Rot – daher auch der Name – in diesen Prunksaal gesetzt. Entspannende Musik, gutes Essen und Trinken (dafür sorgt das Haas & Haas Catering) garantieren nette Stunden. Regelmäßig finden hier auch Lesungen, Konzerte, Ausstellungen, Vernissagen und Clubbings statt. Sind Sie vielleicht selbst kreativ und möchten sich einem Publikum präsentieren? Einmal im Monat gibt es die Möglichkeit, die Bühne der Roten Bar dafür zu nutzen.

Die Bar im Theater

Rote Bar im Volkstheater

Volkstheater
VIII, Neustiftgasse 1
Tel. 521 11-0
www.volkstheater.at/rotebar
U2, U3 Volkstheater

Das Volkstheater wurde von Wiener Bürgern, unter ihnen der Schriftsteller Ludwig Anzengruber und der Möbelfabrikante Thonet, gegründet – als bürgerliches Gegenstück zum Hofburgtheater. Am 14. September 1889 wurde es mit Anzengrubers „Der Fleck auf der Ehr“ feierlich eröffnet. Im Stil des Historismus erbaut, lag es damals noch außerhalb der Wiener Stadtgrenzen. Bemerkenswert ist die Tatsache, dass das Volkstheater der erste Theaterbau war, der nach den katastrophalen Bränden der Schauspielhäuser in Nizza und Wien im Jahr 1881 komplett den neu erlassenen Sicherheitsvorschriften entsprach. Dazu zählte beispielsweise die ausschließlich elektrische Beleuchtung. In den Jahren 1901 und 1911 wurde das Haus vergrößert, in den 1920er-Jahren erlebte das Volkstheater weitere künstlerische Höhenflüge. Bedeutende Schauspieler, Regisseure und Bühnenbildner der Zeit wurden geholt und sorgten für ein volles Haus. Nach einer eher traurigen Zeit zwischen 1938 und 1945, in der das Volkstheater nicht nur architektonische Änderungen erfuhr, sondern von den Nazis auch „Kraft-durch-Freude-Theater" genannt wurde, ging es in den fünfziger und sechziger Jahren wieder steil bergauf.

Ein Tipp ist das ambitionierte Programm des Volkstheaters im Hundsturm. Hier finden junge Dramatiker und Cross-Over-Programme genauso ihren Platz wie spannende Autorenwochenenden.
Hundsturm
V., Margaretenstrasse 166
Tel. 521 11-400
www.volkstheater.at

Nach wie vor werden die Grundsätze der Väter des Volkstheaters umgesetzt: Klassiker in zeitgemäßen Inszenierungen zu zeigen, allen voran natürlich Ferdinand Raimund und Johann Nestroy. Ein Schwerpunkt liegt auch bei zeitgenössischen österreichischen Autoren, die hier uraufgeführt werden.◂

Kult(ur) für Nacht-schwärmer

MAK NITE©

I., Stubenring 5
Tel. 711 36-248
www.mak.at
U3 Stubentor

Längst hat sich das MAK, das Museum für angewandte Kunst, vom staubigen Museums-Image verabschiedet. Das wird eindrucksvoll jeden Dienstag aufs Neue unter Beweis gestellt, wenn die Veranstaltungsreihe MAK NITE© bis Mitternacht seine Tore öffnet. Eine Führung durch die aktuelle Ausstellung ist im Kartenpreis inbegriffen, anschließend gibt es je nach Thema ein Event oder Künstlergespräch, meist auch noch eine DJ-Line. Der Dienstagabend versteht sich als Laboratorium für aktuelle künstlerische Präsentationen von Architekten, Designern, Künstlern, Musikern und Modedesignern. Für Abwechslung und heiße Themen ist also gesorgt! Das aktuelle Programm ist jeweils auf der Homepage abrufbar, selbstverständlich hat an Dienstagen auch der MAK Design Shop bis 24 Uhr geöffnet, das MAK Café sogar bis 2 Uhr. Viel Spaß bei einem Museumsbesuch der anderen Art!◂

Sie wollen sich vor dem Event noch stärken? 4-Hauben Koch Helmut Österreicher kredenzt im MAK in einem sehr modern gestalteten Gasthaus Wiener Küche auf höchstem Niveau. Vergangenheit und Gegenwart verschmelzen hier zu einem Gesamtkonzept.

Österreicher im MAK
Tel. 714 01 21
www.mak.at/service

Tapas & Flamenco

Bodega Manchega

IX., Nordbergstraße 12
Tel. 319 65 75
www.bodega.at
U4 Friedensbrücke

Spanien in Wien – das wird seit über 20 Jahren in der Bodega Manchega gelebt, mitsamt seinen heißen Rhythmen, seiner Kultur und seiner Herzlichkeit. Vielleicht ist deshalb hier alles so unverfälscht, weil das Lokal unter spanischer Führung steht – auch wenn Hausherr Juan Jose Hernandez-Velez eigentlich in Kolumbien geboren ist, dann allerdings viele Jahre in Spanien verbracht hat. Auf der Karte sind nicht weniger als 43 Tapas der cocina creativa, der kreativen Küche, zu finden, weiter geht's mit sopas (für Nicht-Spanier: Suppen), empanadas (gefüllte Teigtaschen), ensaladas (Salate), carnes (Fleisch), pescados (Fisch) und postres (Nachspeisen). Ins Bodega Manchega kommt man aber nicht nur zum Essen: Täglich ab 20 Uhr gibt es Live Musik – ja, richtig geraten: Flamenco in allen Stilrichtungen –, in unregelmäßigen Abständen auch Lesungen und Konzerte. Ebenfalls wird noch unbekannten Künstlern die Möglichkeit geboten, ihr Können zu zeigen.◂

Das Lokal bietet auch ein Catering an, das sich schon bei vielen öffentlichen Veranstaltungen, die mit Spanien in Zusammenhang stehen, bewährt hat. Sie möchten Ihre Gäste mit einem spanischen Buffet oder einer Pfanne Paella für alle überraschen? Anruf genügt!

Schönes für graue Wintertage

Römische Markhalle in der Börse

Markus Lederleitner GmbH.
I., Schottenring 16
Tel. 53 20 677
www.lederleitner.at
U2 Schottentor

Im historischen Ambiente des Souterrains der Wiener Börse, wo die römische Markthalle untergebracht ist, lassen sich graue Wintertage schnell vergessen. Sämtliche Sinne werden hier angeregt – es ist nicht nur herrlich warm, der Duft von frischen Schnittblumen und üppigen Grünpflanzen hellt die Stimmung auf, ganz zu schweigen von dem, was dem Auge geboten wird. Kreative Gestecke und Gebinde, farblich aufeinander abgestimmte Deko-Ideen, dazu Passendes für den festlich gedeckten Tisch – alles im neuesten Trend und gleichzeitig guter handwerklicher Tradition verschrieben. Egal ob Sie Ihr eigenes Heim vorweihnachtlich oder winterlich verschönern möchten, oder ob Sie auf der Suche nach einem kleinen oder größeren Geschenk sind – hier werden auch ratlose Dekorationsmuffel fündig. Immerhin stehen über 1000 Quadratmeter Fläche zur Verfügung. Holen Sie sich die Vorfreude auf Weihnachten bzw. auf den Frühling ins Haus!

Wieder zurück an der Oberfläche bietet sich gleich gegenüber der Börse, auf der anderen Seite des Rings, das Café Schottenring für eine Stärkung an. Seit 1879 wird hier original Wiener Kaffeehaustradition gelebt!

Café Schottenring
I., Schottenring 19
Tel. 315 33 43
www.cafe-schottenring.at

Besser als jeder Flohmarkt

Glasfabrik

XVI., Lorenz Mandlgasse 25
Tel. 494 34 90
www.glasfabrik.at
U3 Ottakring
Geöffnet: Di–Fr, 14–19 Uhr, Sa 10–14 Uhr

Gehören Sie zu jenen, die liebend gerne auf Flohmärkten stöbern und an keinem Altwarenhändler vorbeigehen können? Oder sind Sie auf der Suche nach einem ausgefallenen Stück für Ihre Wohnung, einer außergewöhnlichen Skulptur? Im 16. Bezirk befindet sich eine Fundgrube für schöne, alte Dinge. Auf 2000 Quadratmetern finden Sie in der ehemaligen Fabrikhalle einer Glasbiegerei Einrichtungsgegenstände und Kuriositäten im Originalzustand bzw. restauriert und das aus den verschiedensten Epochen von 1670 bis 1980. Wie wär's zum Beispiel mit einem venezianischen Luster aus den 1950er-Jahren, Kinobänken aus den 60ern oder einem Schaukelstuhl aus Großmutters Zeiten? Auch ausgefallene Skulpturen und Ölgemälde können Sie hier erstehen, ebenso wie Kleinkram für Tisch und Küche. Auch wenn Sie ein eigenes, altes Möbelstück fachkundig restaurieren lassen möchten, sind Sie hier an der richtigen Adresse.

Hungrig vom Stöbern? Der Blunzenstricker ist ein uriges Wiener Lokal mit einer eigenwilligen Ausstattung (Türen an der Decke), das deftige Hausmannskost, bodenständige Wiener Küche und gute Weine und Biere bietet.

Blunzenstricker
XVI., Ottakringer Straße 71
Tel. 485 78 49
www.blunzenstricker.at

In dieses Museum können Sie ganz bestimmt auch Ihre Kinder locken – geht es doch um leckere Süßigkeiten, die auch ausgiebig vor Ort gekostet werden können. Gleich zu Beginn der Führung steht eine große Schachtel von köstlichen Schokobananen zum Zugreifen bereit. Das ist auch gut so, denn spätestens beim Ansehen des anschließenden Films läuft einem das Wasser im Mund zusammen und die Lust auf Süßes wird immer größer. Ein „Hmmm" und „lecker" ist aus den Zuschauerreihen zu hören, wenn auf der Leinwand die flüssige Schokolade fließt. Jetzt erfährt man endlich, wie Schokobananen, Osterhasen, Rehrücken und Trüffel erzeugt werden. Aber auch die nackten Zahlen sind beeindruckend: Pro Jahr werden rund 1000 Tonnen Rohstoffe (Schokolade, Zucker, Fondant, Marzipan, Haselnüsse, Früchte und Alkohol) zu rund 70 Millionen Stück Konfekt verarbeitet! Die Geschichte der Confiserie Heindl beginnt 1953 mit Walter und Maria Heindl im 3. Bezirk mit der Erzeugung von Likörpralinen und Konfekt. Heute werden unter der Führung der beiden Söhne am Standort im 23. Bezirk rund 170 verschiedene Produkte erzeugt.

Für Naschkatzen

Erstes Wiener Schokolademuseum

XXIII., Willendorfergasse 2–8
Tel. 667 21 10-0
www.heindl.co.at
U1 Reumannplatz, dann
Bus 66A Willendorfergasse

Nach der Video-Show geht es weiter ins kleine Museum, wo man mehr über die Geschichte des Kakaos und die Schokolade-Erzeugung erfährt. Die Kakaobohne war übrigens schon um Christi Geburt bei den Mayas und Azteken als Nahrungs- und Zahlungsmittel üblich. Von der mühsamen Ernte der Bohnen bis über das Fermentieren zwischen Palmblättern und der anschließenden Trocknung erzählt die Mitarbeiterin vom Museum, auf Schautafeln ist außerdem alles anschaulich dargestellt. Wer noch nie einen Kakaobaum gesehen hat, kann hier eine Nachbildung näher unter die Lupe nehmen. Die späteren Kakaobohnen befinden sich als Samen im Inneren der gurkenförmigen Kakaofrucht. Die Ausbeute des rund acht Meter hohen Baumes, der noch dazu erst ab dem zehnten Jahr voll ertragsfähig ist, ist nicht gerade berauschend: Pro Jahr maximal zwei Kilo Bohnen. Sie werden weiters eingewiesen in den Werdegang der Schokoladebohnen vom Brechen über Rösten bis zum Conchieren (der Veredelung der Schokoladengrundmasse) und lernen die verschiedenen Bohnensorten kennen. In der Hohlkörper- und Prägeabteilung erfahren Sie, wie die köstlichen Nikoläuse und Osterhasen sowie alle cremegefüllten Konfekte entstehen. Beim Hinausgehen können Sie Ihr eben erworbenes Wissen beim „Quiz-Turm" unter Beweis stellen. Haben Sie gut aufgepasst? Dann könne Sie sicher beantworten, was Java Kakao ist, oder was der weißen Schokolade fehlt. Zum Abschluss können sie noch einen Blick in die Produktion werfen, wo Sie noch einmal von frischen Sissi Talern, Mozart Herzen, Nussbeugel oder Wiener Trüffel naschen können.

Im Rahmen eines Geburtstagsfestes im Schokomuseum können Kinder nicht nur mit Freunden feiern, sie können sich auch selbst als Konfektmacher versuchen.

Das Schokolademuseum ist täglich von Montag bis Donnerstag jeweils um 14.00 ohne Voranmeldung im Rahmen einer Führung zu besichtigen (Gruppen bitte mit Anmeldung). Im Eintrittspreis von drei Euro ist ein Gutschein für den angeschlossenen Shop enthalten.

Vom Praterstern sind es rund 4,5 Kilometer bis zum Lusthaus – ein schöner Spaziergang der Prater Hauptallee entlang. Auch wenn Sie von einer anderen Seite her den Prater durchquert haben – auf eine Einkehr im Lusthaus kann man sich auf jeden Fall freuen. Das gleichnamige Cafè-Restaurant in dem achteckigen Pavillon lässt trotz der Schlichtheit des Gebäudes imperiales Flair aufkommen: In dem ungeteilten, hohen Raum mit den großen Lustern und dem historischen, stilvollen Ambiente genießen Sie einen herrlichen Rundblick in den winterlichen Prater. Hier können Sie sich mit einem Mittagessen aus der wöchentlich wechselnden Karte ebenso verwöhnen lassen wie mit einer leckeren Torte aus der hauseigenen Patisserie.

Imperiales Flair

Lusthaus

II., Freudenau 254
Tel. 728 95 65
www.lusthaus-wien.at
Oktober–April, 12–18 Uhr
Mittwoch Ruhetag
U1 Praterstern

An der Stelle des heutigen Lusthauses wurde im Jahr 1560 das „Grüne Lusthaus“, ein Jagdhaus, errichtet. Kaiser Maximilian II. hatte eben die Besitzungen einiger Klöster und Gemeinden zum kaiserlichen Jagdgebiet zusammengelegt. Der Zutritt war der Öffentlichkeit damals noch nicht gestattet. Erst Kaiser Joseph II. öffnete den Prater für die Wiener, die die Gelegenheit bald wahrnahmen und durch das weitläufige Areal lustwandelten sowie die sich bald angesiedelten Cafés und Lokale besuchten.

In den Jahren 1781 bis 1783 wurde das Lusthaus von Isidore Canevale neu erbaut. Seine erste Großveranstaltung erlebte es 1814 im Rahmen des Wiener Kongresses. Im Prater wurde ein opulentes Armeefest für 18.000 Mann veranstaltet, sämtliche in Wien versammelte Monarchen nahmen daran teil. Im Zentrum des Festes stand das Lusthaus, in dem im ersten Stock die kaiserliche Familie sowie hohe Souveräne und Kron- und Erbprinzen speisten; im Erdgeschoß saßen Erzherzöge, Prinzen und andere Würdenträger zu Tafel. Das Lusthaus war lange Zeit Treffpunkt des Adels und Schauplatz eleganter Feste, aber auch Künstler und Literaten wie Felix Salten und Arthur Schnitzler kehrten gerne ein. Adalbert Stifter war hier sogar Stammgast. Im Ersten Weltkrieg diente das Lusthaus als Standort der Brückenwache, in den Zwischenkriegsjahren war in dem Gebäude ein Etablissement mit Bar und Tanzmusik untergebracht. Nachdem es im Zweiten Weltkrieg stark beschädigt worden war, dauerte es bis 1949, bis das Lusthaus wieder aufgebaut und der Wiener Öffentlichkeit übergeben werden konnte.

Eine Besonderheit des Lusthauses ist das kleine, verglaste Turmstüberl, auch Laterne genannt. Hier, vom Dach des Pavillons, ist besonders schön zu sehen, wie sämtliche Alleen sternförmig beim Lusthaus zusammenlaufen. Das Stüberl kann für Veranstaltungen gemietet werden.

Musik liegt in der Luft ...

Wiener Kursalon

I., Johannesgasse 33
Tel. 512 57 90
www.kursalonwien.at
U4 Stadtpark

Der Musikstadt Wien kommt im Advent eine besondere Bedeutung zu: Adventsingen verschiedener Chöre, Turmblasen sowie eine Reihe von Konzerten stimmen musikalisch auf die Weihnachtszeit ein.
In historischem Ambiente den berühmten Walzerklängen Johann Strauß' lauschen und einen musikalischen Abend voll Wiener Charme erleben – das können Sie im Wiener Kursalon, wo das Johann Strauß Salonorchester täglich aufspielt. Die schönsten Werke von Strauß und Lanner, Mozart, Beethoven, Schubert, Ziehrer, Haydn und den Schrammeln versetzen Sie ins goldene Zeitalter der Musik zurück. Begleitet wird diese schwungvolle Zeitreise von Ballettsolisten und Opernsängern. Die Konzerte finden übrigens in jenen Räumen statt, in denen schon Johann Strauß persönlich einige seiner Werke uraufgeführt hat. Der legendäre Wiener Kursalon ist daher ein besonders eindrucksvoller Rahmen für solche Abende. Hoheitsvoll steht das Gebäude im Stil italienischer Renaissance am Eingang des Stadtparks, in den man direkt von der großen Terrasse aus gelangt. 1865–1867 erbaut, war der ehemalige Kursalon Hübner von Anfang an beliebter Veranstaltungsort von Bällen und festlichen Empfängen. Oder besser: beinahe von Anfang an, denn ursprünglich war das Gebäude ausschließlich für Wasserkuren vorgesehen. Konzerte oder andere Vergnügungen waren sogar strengstens untersagt, was den unternehmungslustigen Wienern offenbar gar nicht gefallen hat. Denn bereits ein Jahr nach der Eröffnung, am 15. Okto-

ber 1868, fand hier das erste Strauß-Konzert statt. Seither sind die Veranstaltungen zu einer Attraktion im Wiener Musikleben geworden und das Johann Strauß Salonorchester setzt diese Tradition heute fort. 1994 gegründet, steht es unter der Leitung des ersten Konzertmeisters der Volksoper Wien, Prof. Udo Zwölfer, und hat sich zum Ziel gesetzt, das Repertoire der Wiener Klassik zu pflegen. Die Konzerte können Sie auch in Verbindung mit einem Galadinner (wahlweise vor oder nach dem Konzert) als „Concert & Dinner" im angeschlossenen Café Restaurant Johann buchen.

Einen Spaziergang durch die Gartenanlage im Stadtpark sollten Sie sich nicht entgehen lassen! Einen idyllischen Teich gibt es hier, exotische Bäume und natürlich das berühmte Strauß-Denkmal. Wenn Sie schon hier sind, sollten Sie es sich ansehen: die goldene Figur mit der obligaten Geige in der Hand, umrahmt von einem reliefgeschmückten Bogen aus weißem Marmor. Was Strauß-Kennern vielleicht abgehen mag, ist der typische Backenbart.

Das frisch renovierte Altwiener Kaffeehaus lohnt auch einen Besuch am Nachmittag zum Kaffee. Untertags sind die Besucher hier nicht so elegant gekleidet, sie kommen von einem Spaziergang durch den Stadtpark, der sich hinter dem Kursalon erstreckt. 60 Quadratmeter ist er groß, und das ganze Jahr über beliebter Treffpunkt für Jung und Alt.◂

Mozart-Fans sei das Mozarthaus ans Herz gelegt. In dem Gebäude des Deutschen Ritterordens (Deutschordenshaus), befindet sich ein kleines Juwel: die Sala Terrena, der älteste Konzertsaal Wiens. In dem mit Fresken geschmückten Raum finden von Donnerstag bis Sonntag Konzerte des Mozart-Ensembles statt. Das vierköpfige Ensemble spielt in historischen Kostümen „Gustostückerl" und Bekanntes aus Werken von Mozart, Haydn, Schubert, Beethoven und Bach. Mozart lebte 1781 auch einige Wochen lang hier, als er im Dienst des Erzbischofs Colloredo stand, bevor er sich mit ihm überwarf. Er musizierte in der Sala Terrena, die an die Kirche und deren Sakristei anschließt, und das Musikzimmer des Deutschen Ordens war. Allerdings diente seine Musik damals der Untermalung von Tafelfreuden, wie man noch an den Fresken im Stil der venezianischen Spätrenaissance sehen kann. Sie zeigen neben Blumen und Tieren Motive „bacchantischer Sinnesfreudigkeit und leibseelischer Erquickung", wie es die kleine Tafel am Eingang zur Sala Terrena umschreibt. Wenn Sie sich genau umsehen, werden Sie auch den lieben Augustin entdecken. Mozart war demnach in seiner Funktion als Konzertmeister und Hoforganist im Deutschordenshaus dem Oberküchenmeister unterstellt, der ihn dann auch „bey der thüre durch einen tritt im arsch hinaus werfen" ließ.
Apropos hinaus: Einen Blick sollten Sie auch in den angrenzenden Hof werfen, in der Toreinfahrt befindet sich eine Mozart-Gedenktafel. Der Hof diente als Wirtschaftshof des

Klein, aber fein

Sala Terrena

I., Singerstrasse 7
Tel. 911 90 77
www.mozarthaus.at
U1, U3 Stephansplatz

Ordens, er war von Pferdeställen umgeben. Sein heutiges Aussehen stammt aus dem Jahr 1785. Die Geschichte des Ordens reicht jedoch viel weiter zurück: Bereits zur Zeit der Kreuzzüge zu Beginn des 13. Jahrhunderts kamen die Ordensbrüder nach Wien und kümmerten sich – neben der Verbreitung des Christentums – um Kranke und Verwunderte.

Wenn Sie nach einem Konzert im Mozarthaus den Abend stilvoll ausklingen lassen möchten, ist das Restaurant Settimo Cielo in der Singerstraße 3 (Eingang durch die Lobby des Hotels Royal) ein guter Tipp: Bei ausgezeichneter italienischen Küche haben Sie von der Terrasse im Wintergarten einen wunderbaren Blick auf die Dächer von Wien. Und wer keine Lust auf ein ausgedehntes Abendessen hat, dem sei die Weinbar des Restaurants empfohlen.

Sehenswert ist auch die Deutschordenskirche. Ihre hohen, gotischen Spitzbogenfenster sind schon von weitem auszumachen, auch wenn die Kirche eingebettet in die Häuserfront der Singerstraße liegt. Besonders schön: Im Inneren zieren Wappenreihen die Wände. Ein holländischer Flügelaltar von 1520 ist das Prunkstück in der ansonsten eher schlichten Kirche.◂

Der 11. November, der Tag des heiligen Martin, galt früher als eine Art inoffizieller Winterbeginn. Eine alte Wetterregel besagt, dass Martin auf dem Schimmel ein Vorbote des Schnees ist („Kommt Martin auf dem Schimmel geritten, braucht man im Winter um Schnee nicht zu bitten.“). Heute ist dieser Tag mit dem „Martinigansl“-Essen jedenfalls schon fixer Bestandteil der Speisekarten fast aller Restaurants und Gasthäuser geworden, auch beim Fleischhauer muss man rechtzeitig seine Gans vorbestellen.

Der letzte Festbraten

Zum Holunderstrauch

I., Schreyvogelgasse 3
Tel. 535 90 75
www.holunderstrauch.at
U2 Schottentor

Früher war die Martinigans der letzte Festbraten vor dem 40-tägigen Adventfasten. Schon im 12. Jahrhundert wurde von den Gänsebraten in Klöstern berichtet. Warum gerade Gänsebraten? Das hatte mit der Entrichtung des Zinses zu tun. Der Martinstag war auch der traditionelle Tag des Zehents. Die Steuern wurden damals in Naturalien bezahlt, auch in Gänsen, da in der bevorstehenden Winterzeit die Tiere nur in einer eingeschränkten Zahl durchgefüttert werden konnten. So brachten die Bauern ihre Gänse nach der Mastzeit im November in die Klöster.

Der römische Reiter, der seinen Mantel mit einem Schwert teilt, um einem frierenden Bettler zu helfen – das ist das Bild des heiligen Martins, das weitgehend bekannt ist. Was hat nun die Gans mit dem Heiligen zu tun? Im Heiligenkalender wurde dem heiligen Martin der Tag seiner Beisetzung, der 11. November, eingeräumt. Und hier fließen nun die beiden Bräuche vom Adventfasten und dem Zahltag mit der überlieferten Geschichte des Heiligen zusammen: Der

Legende nach wurde der heiligen Martin, als er sich vor seiner Ernennung zum Bischof in einem Stall verstecken wollte, vom Geschnatter der Gänse verraten. Als „Strafe“ werden daher an seinem Gedenktag die Gänse verspeist. Besonders leckere, knusprig gebratene Martinigansln mit Rotkraut und Kartoffelknödeln gibt es im gutbürgerlichen Gasthaus „Zum Holunderstrauch“ in der Nähe der Wiener Universität. Viele Stammkunden wissen die familiäre Atmosphäre und die traditionelle Wiener Küche zu schätzen. Die Familie Müller führt das Wirtshaus mit den urigen Holztischen und -bänken schon seit 1936. Besonders gemütlich speist es sich im Kellergewölbe unter der alten Weinpresse!‹

Im Holunderstrauch beginnt das Weinviertel: Birnen, Äpfel, Zwetschgen und Gemüse stammen aus eigenem Anbau in Pillichsdorf. Der größte Stolz des Altwirten ist aber der Grüne Veltliner und der Welschriesling aus dem eigenen Weinberg. Sogar die Weinpresse im Gastraum wurde aus Pillichsdorf „importiert“.

Ab Mitte November, wenn die ersten Adventmärkte öffnen, macht sich in Wien vorweihnachtliche Stimmung breit. Ob klassisch, traditionsgebunden, handwerklich oder künstlerisch orientiert – die zahlreichen Märkte bieten für jeden Geschmack etwas. Und das im wahrsten Sinn des Wortes – Punsch und Glühwein sowie kulinarische Köstlichkeiten werden überall angeboten.

Adventzauber und Trubel

Wiener Christkindlmarkt

I., Rathausplatz
www.christkindlmarkt.at
U2 Schottentor, dann
Straßenbahn 1, 2 Rathausplatz/Burgtheater

Der Christkindlmarkt vor dem Rathaus ist der größte und wohl bekannteste Wiener Weihnachtsmarkt. Jährlich lockt er rund drei Millionen Besucher aus dem In- und Ausland an, was vor allem an den Wochenenden zu einem ziemlichen Gedränge zwischen den Hütten führt. Romantischer und etwas ruhiger geht es im angrenzenden Rathauspark zu: Adventzauber nennt sich die fantasievolle Ausschmückung der Bäume von verschiedenen Künstlern. Ebenfalls von Künstlern gestaltet sind die Fenster des Rathauses, die einen Adventkalender darstellen (siehe auch Seite 56)

Die Geschichte des Wiener Christkindlmarkts ist abwechslungsreich. 1296 erteilte Albrecht I. Wiener Händlern und Gewerbetreibenden das Privileg zur Abhaltung eines „Dezembermarktes". Im 16. Jahrhundert wurde der Markt als „Thomasmarkt" zur Weihnachts- und Neujahrszeit abgehalten. Damals dienten die Märkte – anders als die heutigen Weihnachtsmärkte – der Grundversorgung der Wiener Bevölkerung. Ursprünglich auf der Freyung beheimatet, wurde der Christkindlmarkt 1842 auf den Hof verlegt. In dieser Zeit wurde er bereits als „Nikolo- und Weihnachtsmarkt" bzw. „Krippenmarkt“ geführt. Neben Textilien und Lebensmitteln wurden auch Lebzelten und Zuckerwaren angeboten. 1903 erlebten die Wiener die Stände erstmals mit elektrischer Beleuchtung. In den folgenden Jahren wechselte der Markt mehrmals seinen Standplatz und fand seine Heimat vorerst auf dem Neubaugürtel, später vor dem Messepalast (heute: Museumsquartier). Seit 1975 findet der Christkindlmarkt nun auf dem Rathausplatz statt. Anziehungspunkt ist auch der große Christbaum vor dem Rathaus. Festlich beleuchtet thront er über dem Christkindlmarkt, eine lebensgroße Weihnachtskrippe zu seinen Füßen. Seit Ende der 1950er-Jahre ist dieser Baum ein Geschenk aus jeweils einem anderen Bundesland.

In der Volkshalle des Wiener Rathauses ist jedes Jahr für die Dauer des Christkindlmarktes Christkindls Werkstatt eingerichtet. Hier verkürzen sich die Kinder die Wartezeit auf das Christkind, während ihre Eltern durch den Markt bummeln. Gegen einen kleinen Kostenbeitrag können sie Kerzen verzieren, Specksteinfiguren bearbeiten, Kalender oder Bilderrahmen herstellen. In der beliebten Backstube dürfen sich Kinder ab drei Jahren als kleine Konditoren betätigen und leckere Kekse backen. Täglich von 9–19 Uhr, am 24. Dezember von 9–17 Uhr geöffnet.

Der Altwiener Christkindlmarkt auf der Freyung in der Innenstadt bildet mit seinem Angebot als auch mit der musikalischen Gestaltung bewusst ein Gegengewicht zum modernen Kommerz. Hier finden Sie ganz traditionell Lebzelten, Kletzenbrot und Christbaumschmuck aus Österreich und laut Umfragen den besten Punschstand von Wien, wo Waltraud Tomasek das beliebte Getränk nach einem Geheimrezept zubereitet. Das kulturelle Rahmenprogramm zieht jeden Tag zahlreiche Besucher an: Neben Turmblasen und internationaler Chormusik spielt für die kleinen Besucher ein Puppentheater auf.

Lebzelten und Turmbläser

Altwiener Christkindlmarkt

I., Freyung
www.altwiener-markt.at
U3 Herrengasse

Die Freyung wird bereits seit dem 12. Jahrhundert als Marktplatz genutzt. Ab dem 17. Jahrhundert kamen die großen Prachtbauten – das Palais Harrach, Daun-Kinsky, Ferstel und Abensberg-Traun sowie das Schottenstift, die die Freyung imposant umrahmen – hinzu. Der Name leitet sich übrigens von einem im Mittelalter geltenden Asylrecht des Schottenklosters ab, wonach Verfolgten eine dreitägige „Freyung" gewährt wurde.

Für Kunstinteressierte bietet sich auf der Freyung das Kunstforum an, wo international renommierte Ausstellungen moderner Kunst stattfinden. Am Freitag können Sie hier bis 21 Uhr Kunst genießen! Infos unter Tel. 537 33 18 oder www.ba-ca-kunstforumwien.at

Im Schatten der Kirche

Wiener Kunsthandwerksmarkt

I., Karlsplatz/Resselpark
www.divinaart.at
U1, U2, U4 Karlsplatz

Ganz im Zeichen von künstlerischem und handwerklichem Können steht der Kunsthandwerksmarkt am Karlsplatz im ersten Bezirk. Kreative Einzelstücke handgefertigter Kunst- und Gebrauchsgegenstände aus Glas, Holz, Metall, Leder oder Keramik werden hier angeboten. Hungern muss auch hier kein Besucher, dafür sorgen die beliebten gastronomischen Stände. Außerdem gibt es sowohl für Kinder als auch für Erwachsene die Möglichkeit, sich künstlerisch zu betätigen. Einzigartige Kulisse für den Markt bildet die barocke Karlskirche. Karl VI. widmete 1713 als Dank dafür, dass die Pest aus Wien verschwunden war, seinem Namenspatron Karl Borromäus die Kirche. 1715 wurde nach den Plänen Fischer von Erlachs mit dem Bau begonnen.

In der Nähe des Karlsplatzes befindet sich das bekannte Café Museum, das 1899 von Adolf Loos, einem der Wegbereiter der klassischen Moderne, eingerichtet wurde. 2003 wurde das Kaffeehaus nach den originalen Entwürfen des Künstlers renoviert und erstrahlt nun in altem neuem Glanz. Auch Nachtschwärmer kommen hier auf ihre Kosten. Von 8–24 Uhr, sonntags ab 10 Uhr gibt es feine Wiener Mehlspeisen sowie eine ausgezeichnete Küche.

I., Cafe Museum, Operngasse 7
Tel. 582 52 02
www.cafe-museum.at

Ein ganz anderes Ambiente vermittelt der Spittelberger Weihnachtsmarkt (7. Bezirk). In diesem ehemaligen Vorstadtviertel mit vielen künstlerischen Ateliers, romantischen Gassen und versteckten Innenhöfen ist bis heute das Flair der Bohème erhalten geblieben. In schmalen, malerischen Gässchen werden kunsthandwerkliche, kreative und alternative Produkte angeboten. Hier finden Sie von handgestrickten Mützen über Holzspielzeug bis zu Tonflöten und Bienenwachskerzen alles, was Ihr nostalgisches Herz begehrt. Und zwischendurch wärmen ein ausgezeichneter Punsch und heiße Maroni die klammen Finger! Das Spittelberger Weihnachtshäferl, aus dem Sie zuerst trinken und das Sie anschließend um zwei Euro (Häferleinsatz) erwerben können, wird jedes Jahr von einem jungen österreichischen Künstler entworfen und hat Sammlerwert. Nicht immer war der Spittelberg ein so angesehenes Viertel. Das Milieu des alten Spitalbergs war kein sehr nobles: Spielleute und Gaukler, Prostituierte, Straßenkünstler und Schauspieler führten hier ein turbulentes, anrüchiges Vorstadtleben. Lange Zeit war dieses Viertel der Obrigkeit sowie den Bürgern besserer Herkunft ein Dorn im Auge. Doch erst die Krise der 1930-er Jahre dämmte das rege Treiben ein, die Häuser verwahrlosten. In den 1980-er Jahren sollte die historische Bausubstanz abgerissen werden und modernen Bauten weichen. Eine Hausbesetzung engagierter Aktivisten bewirkte jedoch ein Umdenken der Wiener Stadtverwaltung, die daraufhin viele Häuser erwarb und in der

Advent in der Vorstadt

Bummel durch den Spittelberg

VII., Spittelberggasse, Schrankgasse,
Gutenberggasse
www.spittelberg.at
U3 Neubaugasse, Ausgang Stiftgasse

Folge renovieren ließ. Seit den 1990-er Jahren erlebt der Spittelberg durch die Ansiedlung zahlreicher Lokale und Aktivitäten wie den Weihnachtsmarkt einen ungeheueren Aufschwung und ist heute aus der Wiener Szene nicht mehr wegzudenken. Zur Belebung des Spittelberges trägt auch das Amerlinghaus bei. Das Kultur- und Kommunikationszentrum bietet seit 1978 zahlreichen Initiativen und nicht kommerziellen Kulturprojekten Raum. Das „Aktive Zentrum" ist ein Ort der Begegnung für ältere Menschen, der Verein „Exil im Amerlinghaus" mit Schwerpunkt Roma-Kultur veranstaltet Vorträge, Lesungen und Ausstellungen, die Galerie bietet jungen Künstlern die Möglichkeit, ihre Arbeiten der Öffentlichkeit vorzustellen.‹

An der Burggasse befindet sich in einem reizvollen Biedermeierhaus das Restaurant „Zu Ebener Erde und Erster Stock". Frei nach Nestroy gibt es hier zu ebener Erde ein gemütliches Beisl mit preiswerten Gerichten und im ersten Stock ein elegantes Restaurant mit mehrfach prämierter, kreativer Küche mit Schwerpunkt österreichischer Klassiker. Reservierung ist empfehlenswert! Probieren Sie in der Hütte vor dem Restaurant den Wildschwein-Leberkäse!
VII., Burggasse 13
Tel. 523 62 54
www.zu-ebener-erde-und-erster-stock.at

Einladung auf den Unicampus

Weihnachtsdorf im alten AKH

IX., Alserstraße
www.weihnachtsdorf.at
U2 Schottentor, dann Straßenbahn 43, 44
Spitalgasse

Das Weihnachtsdorf am Universitätscampus im alten AKH (9. Bezirk) ist ein relativ junger Adventmarkt, der sich seit 1998 als vorweihnachtlicher Fixpunkt bei Jung und Alt etabliert hat. Das Gebäude des ehemaligen Allgemeinen Krankenhauses (AKH) wurde 1784 von Kaiser Joseph II. gegründet und war bald eine der fortschrittlichsten Anstalten Europas. Heute dient es der Universität Wien als zusätzliche Heimat. Der Hof 1 mit seinen verschiedenen Lokalen und Geschäften wird ganzjährig als Veranstaltungsort genutzt. Der alte Baumbestand und die geschützte Hoflage vermitteln eine besonders heimelige Atmosphäre für das Weihnachtsdorf. Hier werden überwiegend traditionelles Kunsthandwerk und kulinarische Schmankerln angeboten. Eine Besonderheit ist die lebende Krippe, die etwas abseits vom Trubel zu bewundern ist.◂

Zur Einkehr bietet sich im Universitätscampus das Salettl an, ein gemütlicher Glaspavillon, der abends zum beliebten Treffpunkt mit Cocktailbar mutiert. Tagsüber gibt es neben Frühstücksvariationen kleine Snacks und Mehlspeisen.

Salettl
IX., Alserstraße/Spitalgasse
Unicampus Hof 1
Tel. 0699-10 58 89 76
www.salettl.com

Weniger traditionell und gar nicht romantisch geht es beim „Winter im MQ“ im trendigen Kulturviertel MuseumsQuartier zu. Dort wird der Haupthof zu einem winterlichen Themenpark umgestaltet: Kunst und Design als bewusste Abgrenzung zu den herkömmlichen Weihnachtsmärkten stehen im Vordergrund. Alleine aus diesem Grund einen Besuch wert! Wem das dann doch nicht zusagt, der kann sich eine Ausstellung in einem der im MuseumsQuartier beheimateten Museen ansehen: zum Beispiel im Leopold Museum, im MUMOK – Museum Moderner Kunst Stiftung Ludwig, im ZOOM Kindermuseum oder in der KUNSTHALLE wien.◂

Kunst und Design

Advent im MUQUA

VII., Museumsplatz
www.mqw.at
Tel. 0820 600 600 (Hotline)
U2, U3 Volkstheater

Etwas versteckt im hinteren Teil des Museumsquartiers liegt das Glacis Beisl. Die Küche wartet mit einem Mix aus Klassikern der Wiener und altösterreichischen Geschichte auf. Dem Typ eines Altwiener Gasthauses entspricht auch das Innere des 2004 wieder neu eröffneten Glacis Beisls: dunkles Holz, Kugellampen, Nischen und grüne Resopal-Platten auf den Tischen. Im Advent gibt es im windgeschützten und teilweise überdachten Garten zu Musik heiße Maroni, Punsch und Glühwein. Das Beste daran: Es gibt keine Sperrstunde!

Glacisbeisl, VII., Museumsplatz 1 (Zugang Breitegasse 4)
Tel. 526 56 60
www.glacisbeisl.at

Fast fühlt man sich am Kultur- und Weihnachtsmarkt vor dem Schloss Schönbrunn in die Zeiten der Kaiserin Sisi versetzt: Das festlich beleuchteten Schloss bietet einen majestätischen Rahmen für die Hütten, die im Hof im Kreis angeordnet sind. Hier gibt es keinen Kitsch und Kommerz, sondern Kunsthandwerk aus Österreich, handgefertigten Christbaumschmuck, Krippen und traditionelle Geschenksideen aus natürlichen Materialien. Seit 1993 erfreut sich dieser Markt vor der romantisch-imperialen Kulisse des Schlosses Schönbrunn großer Beliebtheit. Zunächst als Geheimtipp gehandelt, genießen immer mehr Leute das besinnliche Weihnachtsflair abseits vom Trubel der Stadt. Viele Besucher kommen auch wegen des ansprechenden kulturellen Rahmenprogramms, das auf einer eigenen Bühne stattfindet: tägliche Adventkonzerte sowie Gospels, Spirituals und Weihnachtslieder von österreichischen und internationalen Chören und Musikgruppen. Die Stammgäste freuen sich jedes Jahr auf die gastronomischen Stände, auf denen frisch zubereitete regionale Schmankerln angeboten werden. Eine ganze Palette an typischen österreichischen Gaumenfreuden wie Ofenkartoffeln und Fladen mit diversen Saucen, Schinken- und Krautfleckerl, Käsespätzle, Lauch-Speck-Nockerl, Raclette-Brote, Suppen und Eintöpfe aller Art, Knödel in zehn Variationen, Spiralkartoffeln und Kartoffelpuffer, Zimt- und Mohnschnecken, Crêpes und Waffeln, süße und pikante böhmische Tatsch-

Abseits von Kitsch und Kommerz

Advent in Schönbrunn

XIII., Schloss Schönbrunn
Tel. 24 100-0
www.weihnachtsmarkt.co.at
U4 Schönbrunn

kerl, Grieß- und Kaiserschmarrn, Mohnnudeln und warme Apfelspalten lassen einem schon das Wasser im Mund zusammen laufen!

Ein besonderer Programmpunkt dieses Marktes ist die Führung „Weihnachten in Schönbrunn" durch den Weihnachtsmarkt. Sie erfahren zum Beispiel, dass es zu Weihnachten nicht immer ruhig und beschaulich zuging, wie der Kaiser das Weihnachtsfest verbrachte, wo der Christbaum herkommt und vieles mehr. Die Führung dauert eine Stunde (für Kinder 30 Minuten) und findet bei jeder Witterung statt. Infos unter Tel. 817 41 65-0 und www.weihnachtsmarkt.co.at

Auch Kinder können auf diesem Weihnachtsmarkt einiges erleben: Neben den Kinderführungen im neu errichteten Kindermuseum im rechten Seitentrakt des Schlosses gibt es auch eine Packerlsuche und eine Weihnachtswerkstatt, wo hübsche Geschenke gebastelt werden können (Bastelbeitrag). Im romantischen Kellergewölbe des Café Restaurant Residenz links auf dem Vorplatz im so genannten Kavalierstrakt befindet sich die Hofbackstube. Hier können Kinder täglich während der Zeit des Marktes Kekse backen und Lebkuchen verzieren. Selbstverständlich können die selbst hergestellten Bäckereien gegen einen Kostenbeitrag mit nach Hause genommen werden.

Erste Formen des Adventkalenders waren 24 Bilder, die nacheinander jeden Tag an die Wand gehängt wurden. Vor allem Kindern sollte damals wie heute die Wartezeit bis zum Weihnachtsfest verkürzt werden. Auch 24 an die Wand gemalte Kreidestriche, von denen jeden Tag ein Kind einen wegwischen durfte, entsprachen diesem Brauch. 1908 gab es den ersten gedruckten Kalender. Dieser bestand allerdings aus zwei Bögen – einem mit Zahlen und einem mit Engelsbildern. Jeden Tag wurde ein Engel ausgeschnitten und auf eine Zahl geklebt.

24 Türchen

Wiener Rathaus

I., Rathausplatz
U2 Rathaus

Erst seit den 1930er-Jahren gibt es den heute üblichen Adventkalender mit „Türchen". Besonders imposant ist der Kunst-Adventkalender am Wiener Rathaus. Jeden Tag wird eines von 24 Fenstern des Rathauses geöffnet, hinter dem sich ein Kunstwerk von einem bedeutenden österreichischen Künstler befindet. Das Rathaus wird so zum festlich beleuchteten, bunten Adventkalender. Im Rahmen einer großen Spendenaktion werden diese Kunstwerke traditionell zugunsten bedürftiger Kinder versteigert.◂

Einen besonders kunstvollen Adventkalender mit feinsten Schokolade-Kreationen von Zotter finden Sie bei Mastnak, 7., Neubaugasse 31. Infos unter Tel. 523 27 58 oder www.zotter.at

Am Tag der heiligen Barbara, dem 4. Dezember, ist es üblich, Zweige von Obstbäumen (meist Kirschen) ins Wasser zu stellen. Streng genommen sollte man noch vor Sonnenaufgang die Zweige vom Baum brechen und dann das Wasser, in dem sie stehen, nicht mehr wechseln.

Die Zweige sollten zu Weihnachten blühen, was früher als Orakel für Glück oder Unglück gesehen wurde. Die christliche Auslegung sieht im Aufblühen ein Symbol des Wunders der Christnacht. Üblich war der Brauch auch im Hinblick auf zu erwartende Hochzeiten des folgenden Jahres: Einzelne Zweige wurden dafür mit Namenskärtchen versehen.

Es blühet einst ...

St. Barbara-Kirche

I., Postgasse 8
Tel. 512 21 33
www.members.aon.at/ukrchurch
U3 Stubentor

Barbara war eine Märtyrerin vorchristlicher Zeit, die vom eigenen Vater enthauptet wurde, weil sie dem christlichen Glauben nicht abschwören wollte. Der Legende nach erblühte nach ihrem Tod ein Baum an der Hinrichtungsstätte. Dieser Heiligen gewidmet ist die barocke ukrainische griechisch-katholische St.-Barbara-Kirche in der Postgasse. Schon 1775 gestattete Maria Theresia den griechischen Katholiken, das Priesterseminar zu nutzen. Daher trägt auch die Ikone der heiligen Barbara hinter dem Altar die Gesichtszüge Maria Theresias. Führungen sind nach telefonischer Vereinbarung möglich.

Besuchen Sie doch einmal einen Gottesdienst nach byzantinischem Ritus! Sonntag um 10 Uhr oder Dienstag, Donnerstag und Freitag um 18 Uhr.

In einem Stall bei Bethlehem

Peterskirche

I., Petersplatz 6
Tel. 479 63 23
www.krippenfreundewien.at
U1, U3 Stephansplatz

Jahrhundertelang war die Krippe das eigentliche Symbol der Weihnachtszeit. Die Tradition der Weihnachtskrippen gelangte im 16. Jahrhundert von Italien nach Österreich und Wien. Vor allem Jesuiten und Franziskaner bauten die ersten großen Kirchenkrippen. In der Barockzeit wurden Krippen entsprechend dem damaligen Hang zum Prunk immer aufwändiger gebaut und mit mechanischen Vorrichtungen versehen. 1782 erließ der sparsame Kaiser Joseph II. daher das Verbot, Krippen in Kirchen aufzustellen. Den Wienern gefielen sie jedoch so gut, dass sie kleinere Modelle auch zu Hause aufbauten. Knapp 20 Jahre später wurde das Verbot wieder aufgelassen, da Krippen mittlerweile in den Häusern der Bürger zu einem festen weihnachtlichen Bestandteil geworden waren.

In der Peterskirche ist jedes Jahr vor Weihnachten die Krippenschau des Vereins der Krippenfreunde zu sehen. Rund 150 handgefertigte Krippen – überwiegend Exponate privater Leihgeber sowie Modelle, die von den Mitgliedern während des Jahres angefertigt werden – sind in der Krypta zu bestaunen.

Wenn Sie schon einmal hier sind, sollten Sie sich auch die Peterskirche ansehen. Besonders ausdrucksstark: die Hinrichtung des hl. Nepomuk durch einen Sturz von der Brücke von Lorenzo Mattielli gegenüber der Kanzel.

Von Sitten und Bräuchen

Geführte Stadtspaziergänge

Gabriele Buchas
Tel. 489 42 63
www.wiensehen.at
U1, U2, U4 Karlsplatz
(Treffpunkt vor der Karlskirche)

Eine etwas andere Möglichkeit, das vorweihnachtliche Wien zu erkunden und dabei Interessantes über alte Bräuche zu erfahren, bieten die geführten Stadtspaziergänge der engagierten Fremdenführerin Gabriele Buchas. Advent- und Weihnachtsbräuche im alten Wien sind zum Beispiel ein Thema in der Vorweihnachtszeit. Während Sie von der Karlskirche, der Sie einen Besuch abstatten, zu einem Christkindlmarkt spazieren, erzählt Ihnen Frau Buchas von alten Bräuchen und Gewohnheiten. Lassen Sie sich entführen in das Alte Wien mit seiner Andreasnacht, den Rauhnächten oder dem Brauch des Lesseln!Und erfahren Sie, was es mit dem hl. Nikolaus oder dem Zwetschkenkrampus auf sich hatte. Im alten, weihnachtlichen Bandlkramerladen erwarten Sie zum Abschluss heißer Tee und stimmungsvolle Weihnachtsmärchen. Ein anderer Spaziergang führt Sie zu den schönsten Krippen der Stadt. Dabei erfahren Sie mehr über die Geschichte, die Bedeutung und die Symbole der Krippen. Durchaus auch für Kinder empfehlenswert!

Empfehlenswert ist auch der „Kleine Engelsweg“, eine Führung zu den vielen Himmelsboten, die es in Wien an allen Ecken zu sehen gibt, mit interessanten Geschichten und Kulturvergleichen. Die Führung findet auch immer zu Weihnachten statt.

Christbäume stehen überall sichtbar in Wien, aber es gibt auch ein paar versteckte, die wirklich Weihnachtsstimmung aufkommen lassen. Einer davon schmückt den Hof des Palais Pallavicini, in den alten Glasfenstern spiegelt sich der wunderschöne Baum wider. Das Tor zum Palais ist zwar nicht immer offen, aber ein Versuch ist es allemal wert!
Der Palast wurde 1782 bis 1784 von Ferdinand Hohenberg, übrigens auch der Schöpfer der Gloriette, erbaut. Bauherr war der bekannte Bankier Graf Moritz Fries. Interessanterweise erhielt das Palais seinen Namen erst einige Jahrzehnte später, als die Familie Pallavicini es erwarb. Bis heute ist sie im Besitz des Gebäudes und bewohnt es zum Teil auch noch selbst. Das Palais Pallavicini war und ist heute noch Schauplatz von Bällen, Veranstaltungen und öffentlichen Empfängen. Verwaltet wird der Palast vom Wiener Rennverein, auf dessen Homepage Sie sich auch die prunkvollen Räumlichkeiten, die leider nur im Zuge einer Veranstaltung öffentlich begehbar sind, ansehen können. Aber vielleicht möchten Sie ja einen der Säle für den nächsten feierlichen Anlass nutzen und mieten ihn an? Doch zurück zum Christbaum. Die erste Erwähnung eines Christbaumes in Wien stammt aus dem Jahr 1814. Betuchte protestantische Familien aus Norddeutschland brachten den geschmückten Baum nach Wien. Die Bäume waren zu dieser Zeit mit Zuckerwerk, kleinen Spielsachen und bunten Bändern behängt, die im Laufe des Abends an die Kinder und Besucher des Hauses verteilt wurden. Bekannt war der Weihnachtsbaum vor allem im Stadtpalais von Erzherzog Karl, dessen

O Tannenbaum

Palais Pallavicini

I., Josefsplatz 5
www.rennverein.at
U3 Herrengasse

Frau Henriette von Nassau diesen Brauch 1816 ebenfalls aus ihrer norddeutschen Heimat mitgebracht hatte. Obwohl der Christbaum in Abgrenzung zu den katholischen Krippen von den Reformatoren zum Weihnachtssymbol der Protestanten erklärt wurde, war sein Siegeszug in die katholischen Länder Deutschlands und nach Österreich nicht mehr aufzuhalten. England und Frankreich folgten bald darauf und am Ende des 19. Jahrhundert war dieses Symbol aus der Weihnachtszeit nicht mehr wegzudenken.◂

Das ehemalige Stadtpalais von Erzherzog Karl und Henriette von Nassau birgt heute das Haus der Musik. Und auch hier wird im Hof ein geschmückter Baum aufgestellt. Empfehlenswert ist der Besuch der faszinierenden Hörwelt (Sie können hier Ihren eigenen Walzer komponieren!) und im Anschluss der sonntägliche Tapas-Brunch im Cantino im obersten Stockwerk des Palais.

Haus der Musik
I., Seilerstätte 30
www.hdm.at

Gleich beim Betreten des Ladens schlägt einem der Duft von frischen Lebkuchen entgegen: Hier gibt es Lebkuchen in Form von Herzen, Bären, Elefanten und Bäumen; mit Frucht, Mandel, Schokolade oder Orangenscheibe; Höniglebkuchen, Marzipanbrot, Teestangen und vieles mehr, was das (Feinschmecker)herz begehrt. Suchen Sie auch noch weihnachtliche Kerzen, dann sind Sie hier richtig: In diesem heimeligen Laden gibt es Kerzen für den Adventkranz, für den Christbaum, Zierkerzen mit weihnachtlichen Motiven, Stabkerzen, Stumpenkerzen, konische Kerzen … Kerzen findet man übrigens erst auf den Christbäumen, nachdem das Stearin erfunden worden ist. Doch auch schon davor wurde der Baum beleuchtet, und zwar mit Talglichtern oder mit Öl gefüllten Nussschalen. Bereits Anfang des 19. Jahrhunderts kam Zuckerware als Christbaumschmuck auf, bedingt durch den vermehrten Anbau von Zuckerrüben und die Verwendung von Tragant (gummiartiger Pflanzensaft als Bindemittel). Getrocknete, bemalte Zuckerfiguren in Form von Tieren, Früchten, Trompeten und Wickelkindern zierten die Weihnachtsbäume. Ungefähr zur selben Zeit gab es die ersten Christbaumkugeln aus Glas, die ursprünglich lediglich ein Randprodukt des Glasgewerbes waren. Die Vorliebe der Ringstraßenzeit für Pracht und Fülle führte jedoch bald zu einem „Boom" des Christbaumschmucks und damit zur industriellen Serienproduktion. Aus den damaligen Zentren der Christbaumschmuckerzeugung wie Lauscha in Thüringen und Gablonz in Nordböh-

Jedem Baum seine Zier

Lebkuchen Metzger

I., Stephansplatz 7
Tel. 512 34 33
www.lebkuchenmetzger.at
U1, U3 Stephansplatz

men wurden die prachtvollen Glaskugeln eingeführt und in Wien verkauft. Spezielle Versilberungstechniken brachten ab 1870 einen besonderen Schimmer. Jetzt ermöglichten neue Techniken die Herstellung von Häuschen, Trompeten, Waldvögelein, Früchten, Glocken aus dünnwandigem Glas. Die Formen wurden auch bemalt, besondere Effekte wurden mit Glasstaub oder winzigen kleinen Glasperlen („venezianischem Tau") erzielt. Anfang des 19. Jahrhunderts zierten auch die ersten Wachsengel die Christbäume, wie man von Abbildungen weiß. Aufgrund ihrer hohen Hitzeempfindlichkeit sind nur mehr wenige von ihnen erhalten. 1878 wurde das Lametta erfunden – feine, glitzernde Streifen aus Silberfolie, die bis heute sehr beliebt sind. Figuren aus Papiermaché, vor allem Engel, kamen im Fin de Siecle in Mode. Zu Beginn des 20. Jahrhunderts war es unzeitgemäß, „Dinge auf den Baum zu bringen, die auf dem Tannenbaum gar nichts zu tun haben", ein weiß-silberner Stilbaum war gefragt. Während des Nationalsozialismus gab es sogar Schmuck mit alten germanischen Symbolen zu kaufen.

Lebkuchen gibt es bei Metzger in ungewöhnlichen Formen. Unbedingt probieren sollten Sie die Lebkuchentorte – ein Weihnachtstraum aus Marzipan, Nougat und Nuss-Rum.

Die reichste Auswahl an Christbaumschmuck – aus den verschiedensten Materialien, traditionell handwerklich hergestellt oder modern und künstlerisch gestaltet – findet man auf den zahlreichen Adventmärkten in Wien.

Von der kaiserlichen Lebensart und der Tradition bei Hofe erzählen die Wohn- und Arbeitsräume Franz Josephs I. und Elisabeths in der Hofburg. Das Jahr 1816 brachte eine Neuerung zum Weihnachtsfest. Die Frau Erzherzog Karls, Henriette von Nassau, hatte einen Brauch aus ihrer Heimat mitgebracht: einen festlich geschmückten Christbaum (siehe Kapitel 60). Der Baum fand großen Anklang, auch bei Schwager Kaiser Franz I. und dessen Familie, die traditionell am Heiligen Abend zu Gast waren. Jedoch nicht alle Mitglieder der kaiserlichen Familie konnten sich mit dieser protestantischen „Revolution" anfreunden. Erzherzog Johann, der Weihnachten 1823 bei seinem Bruder und Henriette verbrachte, schreibt befremdet in sein Tagebuch: „So verstimmte mich gleich die große Hitze durch die vielen Lichter. In früherer Zeit, als ich klein war, gab es ein Kripperl, welches beleuchtet war, dabei Zuckerwerk – sonst aber nichts. Nun ist kein Kripperl mehr! Wir sahen … ein ganzes Zimmer voll Spielereien aller Art, … welches in wenigen Wochen zerschlagen, zertreten, verschleppt sein wird und welches gewiß tausend Gulden gekostet." Auch der große Aufwand, mit dem das ganze Haus prächtig geschmückt worden war, verstimmte den Erzherzog. Mit seiner Kritik blieb er wohl alleine, denn nur 30 Jahre später wird von Bescherungen bei Hof auf eigenen Gabentischen berichtet. Nicht nur die Erzherzöge bekamen alles „was das Auge erfreuen und den Geist befriedigen kann", auch die anwesenden Damen und Herren wurden mit Silber und Geschmei-

Kaiserliche Weihnachten

Kaiserappartements in der Hofburg

I., Hofburg
Tel. 533 75 70
www.hofburg-wien.at
U3 Herrengasse

de beschenkt, was mit allgemeinem Jubel begrüßt wurde. Weniger fröhlich dürfte es gegen Ende des 19. Jahrhunderts bei der Familie Franz Josephs und Elisabeths zugegangen sein. Die Entfremdung des Ehepaares und die höfische Etikette bewirkten eine unpersönliche Atmosphäre, wie die Tagebucheintragungen der jüngsten Kaisertochter, Marie Valerie, bekunden. Sie beklagte die verkrampfte Stimmung inmitten von entfernten Verwandten und Hofwürdenträgern. Erst nach ihrer Heirat erlebte sie Weihnachten als richtiges Familienfest: „Die frohe Gemeinsamkeit mit der Dienerschaft machte den Heiligen Abend zu einem so glücklichen, wie ich ihn noch nie erlebt habe. Welch ein Kontrast gegen die Christbäume in der Burg, wo alles so steif und peinlich war!"

Außer den Kaiserappartements sollten Sie an einem grauen Wintertag unbedingt die Sammlung alter Musikinstrumente besuchen! Hier finden Sie Flügel, auf denen schon Beethoven, Schubert und Haydn gespielt haben, außerdem Instrumente aus der Renaissance mit Spezialeffekten wie Vogelstimmen.

Neue Burg
I., Heldenplatz
Tel. 525 24-471
www.khm.at

Der Kaiser, der für seine Sparsamkeit bekannt war, machte es auch seinem Umfeld schwer, ihn zu beschenken. Seine Wünsche erschöpften sich z. B. in Blechbüchsen für die Aufbewahrung von Keksen in seinem Arbeitszimmer. Die kaiserliche Knauserigkeit erstreckte sich auch auf die persönliche Dienerschaft Franz Josephs, die zu Weihnachten erst mit Gaben bedacht wurde, als seine Freundin, Katharina Schratt, dafür sorgte.◂

Winter Anno dazumal

Von Öfen und Fernwärme

Fernwärme Spittelau
IX., Spittelauer Lände 45
Tel. 313 26-0
www.fernwaerme.co.at
U6 Spittelau

Manch einem Wienbesucher wird der auffällige Turm am Donaukanal ins Auge gefallen sein: Mit seiner goldenen Kugel auf der Spitze verbindet man eher ein imperiales Wahrzeichen, denn ein modernes Kunstwerk. Tatsache ist, dass Friedensreich Hundertwasser der Müllverbrennungsanlage mit angeschlossenem Heizwerk – denn darum handelt es sich – im Rahmen einer Neugestaltung sein markantes, buntes Äußeres gab. In den 1990er-Jahren noch ein Skandal (Stichwort: Verhübschung von Umweltsünden) ist das Gebäude heute Teil der Sehenswürdigkeiten. Es speist unzählige Haushalte in Wien mit wohliger Wärme. Doch wie sah das zu Kaisers Zeiten mit dem Heizen in Wien aus? Lebte die Kaiserfamilie üblicherweise im Sommer in Schloss Schönbrunn, so nutzte sie im Winter die Hofburg als Domizil – daher stammt auch der Name Winterresidenz. Auch viele Adlige aus der Umgebung kamen im Spätherbst nach Wien in ihre Stadtpaläste, um den Winter in Wien zu verbringen. Das Leben hier bot viel mehr Abwechslung und Annehmlichkeiten – man denke nur an die zahlreichen Bälle und Redouten, an die Theaterbesuche und Empfänge und die festlichen Schlittenfahrten des Hofes. Der Leopoldinische Trakt der Hofburg wurde unter Maria Theresia einigen Adaptierungen unterworfen. So legte man zum Beispiel großen Wert auf eine gute Heizung. Die schönen Barocköfen aus Keramik in den kaiserlichen Appartements reichen vom Boden bis zur Decke. Eine wichtige und auch angesehene Funktion hatten die kaiserlichen Hof-Ofenheizer. Sie warfen die großen Scheite aus Buchenholz von einem Heizgang aus, der zwischen den beiden Zimmerfluchten verlief, in die Öfen. Denn das Betreten der privaten Räume war ihnen untersagt. Man kann davon ausgehen, dass im Laufe eines Winters rund 40.000 Kubikmeter Holz verheizt wurden.

Möchten Sie wissen, woher unsere Heizwärme kommt? Interessierten werden Führungen durch das Fernwärmewerk Spittelau angeboten. Unter dem Stichwort „Kunst im Foyer" finden außerdem laufend frei zugängliche Ausstellungen statt.

Das Holz wurde, wie die Reiseschriftstellerin Frances Trollope 1836 über ihren Wienbesuch berichtet, überall auf den Straßen zerkleinert. Sie empört sich über das „allgegenwärtige Sägegeräusch, das den ganzen Tag hindurch und auch einen Teil der Nacht vor jedem Haustor in der Stadt anhält … In dieser Jahreszeit ist jede Straße in ein Sägewerk verwandelt, und selbst im Wagen muss man Zickzack fahren, um weder selbst durch die Holzblöcke umgeworfen zu werden, noch die Männer und Frauen umzustoßen, welche ihre kreischende Arbeit zu beiden Seiten verrichten." Und das, obwohl es offenbar eigene Holzplätze gab, die allerdings außerhalb der Stadt lagen.

Museumsleiter und Rauchfangkehrer Günter Stern hat es sich zur Aufgabe gemacht, den Beruf des Rauchfangkehrers in seinem kleinen hauseigenen Museum vorzustellen. Ganz exquisit hält er nur sonntags von 10 bis 12 Uhr geöffnet und nimmt sich die Zeit für private Führungen.

Hufeisen, Pilze & Co

Rauchfangkehrermuseum

IV., Klagbaumgasse 4
Tel. 514 50-2275
www.wien.at/ma53/museen/rauch/index.htm
U1, U2, U4 Karlsplatz, dann
Straßenbahn 62, 65 Klagbaungasse

Außer einer komplett eingerichteten historischen Rauchfangkehrerwerkstatt findet man eine umfangreiche Sammlung von alten Neujahrspostkarten sowie diversen Glücksbringern.
Schon seit jeher ist es üblich, sich zu Silvester Glücksbringer oder -symbole zu schenken. In früheren Zeiten wollte man sich durch abergläubische Riten sozusagen zusätzlich des Glücks versichern. Wichtig dabei waren und sind heute noch bestimmte magische Praktiken: Der Biskuitfisch muss vom Schwanz angebissen werden, das Hufeisen sollte mit der Öffnung nach oben hängen, der vierblättrige Klee muss selbst gefunden oder geschenkt werden.
Bereits Anfang des 19. Jahrhunderts verkauften Kunsthändler zum Jahreswechsel Scherzartikel, ebenso wurden Krapfen, die statt mit Marmelade mit Gurken oder Rettich gefüllt waren, verkauft.
Das Schwein gilt als das Glückssymbol schlechthin. „Schwein gehabt", sagt man, wenn man Glück gehabt hat. Schon die Kelten verzehrten Schweine zu besonderen religiösen Feierlichkeiten. Einleuchtend ist auch die Bedeutung aus späterer Zeit: Wer „Schwein" hatte, hatte auch etwas zu essen. Gläubige erkennen im vierblättrigen Kleeblatt das

Kreuz, es steht aber auch als Symbol für die vier Himmelsrichtungen. Aus diesem Grund gilt es auch als Glücksbringer für Reisende. Der Symbolwert des Glückspilzes ist nicht so einfach zu erklären. Es handelt sich dabei um einen Fliegenpilz, der bei den Germanen wegen seiner berauschenden Wirkung als heilig galt. Zu empfehlen sind allerdings nur Glückspilze aus Marzipan oder Schokolade!

Nach dieser Stippvisite ins Museum bietet sich ein paar Straßen weiter das Café Quadro zur Einkehr an. Zum Mittagessen gibt es hier quadratische Ethno-Burger, Salate, Antipasti und vegetarische Spezialitäten.
Café Quadro
V., Am Margarethenplatz
Tel. 544 75 50
www.schlossquadr.at

Eindeutigen „Glückswert" hat jedenfalls der Rauchfangkehrer, ermöglichte er doch in früheren Zeiten mit seiner Arbeit das gefahrlose Heizen und Kochen. Mit der Reinigung des Kamins kam außerdem „frischer Wind" in die Häuser, der Weg nach oben war wieder frei.◂

Der Schlag der Pummerin

Stephansdom

I., Stephansplatz
www.stephansdom.at
U1, U3 Stephansplatz

Ein Jahreswechsel in Wien ist undenkbar ohne das markante Läuten der Pummerin, der Glocke des Stephansdomes. Sie ist mit ihren 21.383 Kilogramm Österreichs größte und schwerste Glocke, und nach jener im Kölner Dom die zweitgrößte Glocke Westeuropas und sogar die fünftgrößte Glocke der Welt.

Die heutige Pummerin ist bereits die zweite Glocke für Sankt Stephan. Sie ist mit Reliefs (die unbefleckte Empfängnis, Szenen aus der Schlacht um Wien 1683 und dem Brand von 1945) geschmückt. Die „alte" Pummerin wurde nach dem Ende der Türkenbelagerung im Jahr 1683 aus dem Metall von 160 eroberten Kanonenkugeln gegossen, und zwar vom Wiener Glockengießer Johann Achamer (auch Aichhammer genannt). Sie wurde im Südturm von Sankt Stephan aufgehängt und hieß im Gedenken an den eben verstorbenen Kaiser Joseph I. „Josephinische Glock". Im Juli 1712 hörte die Wiener Bevölkerung das Läuten ihrer Pummerin zum ersten Mal – ihren Namen erhält diese bald aufgrund ihres tiefen Tones. Anlass war die Rückkehr Karls VI. nach der Kaiserkrönung in Frankfurt nach Wien. Angeblich mussten 16 Mann zusammen am Glockenstrang ziehen, und es dauerte eine Viertelstunde, bis der Klöppel das erste Mal anschlug.

Beim Brand des Stephansdomes 1945 stürzte die Pummerin ab, durchbrach das Kirchenschiff und zerschellte. 1952 wurde die neue Pummerin als Geschenk des Landes Oberösterreich auf einem Tieflader nach Wien gebracht. Tausende

Menschen säumten den Weg ihrer neuen Glocke, die am 26. April am Stephansplatz von einer jubelnden Menschenmenge empfangen wurde.

Von der Aussichtsplattform des Nordturmes des Stephansdomes kann man nicht nur die Pummerin von nächster Nähe betrachten, sondern auch einen herrlichen Ausblick über die Dächerlandschaft der Wiener Innenstadt genießen. Ein Lift führt zur Terrasse in 60 Metern Höhe (Zugang im Inneren der Kirche, links; der Lift fährt im Winter täglich von 8.30 bis 17 Uhr).

Einen Tag später wurde sie im Rahmen eines Festgottesdienstes zum ersten Mal angeschlagen. Damals war sie noch auf einem Holzgerüst neben dem Dom aufgestellt. Erst 1957 wurde sie im Nordturm des Stephansdomes aufgezogen, der ursprünglich so hoch wie der Südturm geplant war (136,7 Meter), aber nie fertig gestellt wurde.

Ihren am meisten beachteten Auftritt hat die Pummerin jedes Jahr zum Jahreswechsel, genau um Mitternacht. Ihre Schläge werden sogar vom ORF übertragen. Sonst erklingt sie zu Hochfesten des Kirchenjahres, zum Tod und der Inthronisation des Papstes und des Erzbischofs von Wien, sowie zu Allerseelen für die Gefallenen des Zweiten Weltkrieges. Nur ein einziges Mal läutete die Pummerin zu einem staatlichen Anlass: am 15. Mai 1955 zur Unterzeichnung des österreichischen Staatsvertrages. Früher wurde auch bei jeder Geburt eines Kindes im Kaiserhaus nach St. Stephan gesandt, um mit dem Läuten der Pummerin den Nachwuchs zu verkünden.

2003 bekam die Glocke eine neue, elektronische Steuerung, die ein gleichmäßigeres Einschwingen erlaubt und außerdem eine weniger große Belastung für den Glockenstuhl darstellt.◂

Für Herumtreiber

Silvesterpfad

I., Innere Stadt
www.wien-event.at
U1, U3 Stephansplatz

Seit 1990 gibt es nun den Silvesterpfad in Wien, und mehrere hunderttausend Besucher aus dem In- und Ausland machen ihn jedes Jahr zum internationalen Großevent. Von mittags bis zwei Uhr Früh wird auf insgesamt 3,5 Kilometern Länge von der Innenstadt bis zum Rathausplatz ausgelassen, aber friedlich gefeiert. Jedes Jahr wartet der Silvesterpfad mit neuen Akzenten und Highlights auf.
Bereits am frühen Nachmittag lädt ein buntes Kinderprogramm kleine Gäste zum Feiern und Spielen ein. Wer sich noch schnell im Walzertanzen unterweisen lassen möchte, ist am Rathausplatz richtig aufgehoben: Hier werden bei Wienerliedern, Walzerklängen und Operettenmusik Tanzkurse für Jung und Alt angeboten.
Ein Unterhaltungsprogramm für jeden Geschmack an mehreren Plätzen und Musikstraßen lockt am Abend in die Innenstadt: Die Radio Wien Bühne mit prominenten Gästen und größten Hits und Oldies aller Zeiten zum Beispiel; Swing, Rock'n Roll, Jazz-Live-Bands und DJs heizen auf verschiedenen Bühnen den Gästen ein. Tanzzelte und Open-air Discos sorgen auch bei tiefen Temperaturen dafür, dass niemandem kalt wird. Aber auch klassische Musik und Lesungen gehören genauso dazu, wie ein Blick in die Zukunft mit Star-Astrologen, Handlesern und weißen Hexen. Jährlicher Fixpunkt ist um 19.30 Uhr, wenn die Operette die „Fledermaus" auf einer Großbildleinwand gezeigt wird.
Und wenn der Silvesterpfad um 2 Uhr Früh zu Ende geht, kann man noch beim Silvesterpfad-Clubbing vorbeischau-

en, das bei heißer Musik bis in die frühen Morgenstunden dauert und jedes Jahr in einer anderen Location stattfindet. Über 80 Gastronomen sorgen am Silvesterpfad mit ihren Ständen und Hütten für die kulinarischen Freuden zwischendurch und für Sekt zum Anstoßen. Denn kurz vor Mitternacht beginnt der Countdown bis zum neuen Jahr, man sammelt sich am Stephansplatz, um das Läuten der Pummerin auch nicht zu verpassen. Punkt Mitternacht ertönen dann die zwölf Schläge der größten Glocke Österreichs, man stößt mit Unbekannten aus aller Herren Länder auf das neue Jahr an und wagt vielleicht einen Walzer zu den berühmten Klängen von Johann Strauß. Traditionell wird in Wien der Neujahrs-Morgen ab 10 Uhr mit einem Katerfrühstück auf dem Rathausplatz begrüßt, musikalisch untermalt vom Neujahrskonzert der Wiener Philharmoniker, das auf Großbildleinwand übertragen wird.

Falls Sie nicht so lange warten können: Für ein Katerfrühstück nach bzw. in der langen Nacht bietet sich das Cafe „Gräfin vom Naschmarkt" an. Von morgens um 4 bis nachts um 2 Uhr gibt es durchgehend warme Küche – hier ist man auf hungrige Nachtschwärmer eingerichtet!

Gräfin vom Naschmarkt
VI., Linke Wienzeile 14
Tel. 586 33 89

Musikalisch ins neue Jahr

Fledermaus

Volksoper
IX., Währingerstraße 78
Tel. 514 44-3670
www.volksoper.at
U6 Währinger Straße

Ein besonderer Klassiker zum Jahreswechsel ist die Aufführung der Operette „Die Fledermaus“ von Johann Strauß Sohn in der Wiener Volksoper. Seit 1947 bietet das Haus seinem Publikum dieses Stück zu Sylvester, seit einigen Jahren gibt es zusätzlich eine Vorstellung am Nachmittag. Hochkarätige Besetzungen sowie ein kulinarisches Rahmenprogramm sorgen für einen unvergesslichen Abend. Die Geschichte der Volksoper ist eine wechselhafte: 1898 wird das Haus als „Kaiser-Jubiläums-Stadttheater“ eröffnet und zunächst nur als Sprechbühne geführt. Erst 1903 werden auch Opern und Singspiele in den Spielplan aufgenommen. Fünf Jahre später setzt sich die bis heute gültige Bezeichnung „Volksoper“ durch. Werke wie „Tosca“ und „Salome“ erleben an der Volksoper ihre Wiener Erstaufführung; weltbekannte Solisten wie Maria Jeritza, Leo Slezak oder Richard Tauber treten zu Beginn ihrer Karriere hier auf. Nach dem Ersten Weltkrieg entwickelte sich die Volksoper zu Wiens zweitem repräsentativem Opernhaus. Dann geht es jedoch bergab mit dem Haus. 1928 meldet die Direktion den Konkurs an. Doch schon ein Jahr später wird es unter „Neues Wiener Schauspielhaus“ wieder eröffnet. Jetzt kommen vor allem leichte Operetten zur Aufführung. Nach dem Zweiten Weltkrieg dient die Volksoper als Ausweichquartier für die zerstörte Wiener Staatsoper. Seit der Wiedereröffnung der Staatsoper 1955 wird sie wieder als selbständiges Musiktheater mit Oper, Operette und Musical geführt.

1873 komponierte Johann Strauß Sohn die Fledermaus in angeblich nur 43 Nächten und landete damit einen großen Erfolg. Vorerst musste der Text des Stücks mit dem Titel „Doktor Fledermaus" allerdings noch bei der Wiener k. k. Zensurbehörde vorgelegt werden. Einige politische Passagen wurden daraufhin geändert (z. B. Anspielungen auf den verheerenden Börsenkrach 1873), aber auch erotisch pikante Stellen mussten entfernt werden. Die Uraufführung am Ostermontag 1874 im Theater an der Wien war ein Riesenerfolg, auch wenn die Kleidung des Ensembles und die Handlung teilweise auf Kritik stießen: „Die Ungeniertheit, mit welcher die sich dabei darbietenden Frivolitäten ausgenutzt werden, konnten selbst die prächtigen, einschmeichelnden Melodien unseres Johann Strauß nicht vertuschen, hieß es damals in einer Theaterkritik."

Nur wenige Schritte von der Volksoper entfernt liegt das Café Restaurant Weimar. Seit 1900 gibt es hier ein Kaffeehaus, das ursprünglich Café Orleans hieß und nach dem Ersten Weltkrieg in Anlehnung an die Gründung der Weimarer Republik seinen jetzigen Namen erhielt. Heute ist es beliebter Treffpunkt von Künstlern und Gästen der Volksoper.

Café Restaurant Weimar
IX., Währinger Straße 68
Tel. 317 12 06
www.cafeweimar.at

Das Highlight

Neujahrskonzert

Wiener Musikverein
I., Bösendorferstraße 12
Tel. 505 65 25 (Philharmoniker)
www.wienerphilharmoniker.at
U1, U2, U4 Karlsplatz

Jährlich verfolgen über eine Million Zuseher in rund 40 Ländern der ganzen Welt das traditionelle Neujahrskonzert der Wiener Philharmoniker. Das Konzert ist somit zu einem international anerkannten musikalischen Großereignis avanciert, auf das Wien mit Recht stolz sein kann.
Das Konzert findet jedes Jahr am Neujahrstag im Goldenen Saal des Wiener Musikvereins statt. Aufgrund der großen Nachfrage wird es auch bereits am 30. Dezember in Form einer Voraufführung und am 31. Dezember als Silvesterkonzert aufgeführt. Da die Zahl der Interessenten für Karten weitaus größer ist als das Kontingent, werden Tickets für die kommenden Vorstellungen nach Vorreservierung jedes Jahr im Jänner verlost.
Das erste Neujahrskonzert fiel in eine dunkle Zeit, in das Jahr 1939. Mit einem „außerordentlichen Konzert“, das ausschließlich Werken der Strauß-Dynastie gewidmet war, setzten die Philharmoniker einen mutigen Schritt in Richtung Österreich-Bekenntnis. Dieses Konzert fand allerdings bereits am Silvestertag statt. Das erste tatsächliche Neujahrskonzert gab es am 1. Jänner 1941 als „Johann-Strauß-Konzert“. Es wurde damals von Clemens Krauss dirigiert, der die eigentliche Strauß-Tradition der Wiener Philharmoniker seit 1929 begründet hatte. Mit einer kurzen Unterbrechung (bedingt durch eine Dirigierverbot von Seiten der Alliierten) leitete er die Philharmoniker bis zu seinem Tod 1954 und machte das Neujahrskonzert zu einer Wiener Institution. Ihm folgte Willi Boskovsky, der das Konzert 25 Mal dirigierte. In seine Ära fällt auch der Beginn der Live-Übertragungen durch den Österrei-

chischen Rundfunk, die das Konzert weltweit bekannt machten. Mit Lorin Maazel leitete von 1980 bis 1986 ein international bekannter Dirigent die Aufführungen, danach wurde ein jährlicher Wechsel des künstlerischen Leiters beschlossen. Seitdem dirigierten große Namen wie Karajan, Abbado, Kleiber, Mehta, Muti und Harnoncourt das Neujahrskonzert.
Die Beziehung der Wiener Philharmoniker zu Strauß war keinesfalls, wie man glauben möchte, eine „Liebe auf den ersten Blick". Obwohl ein erstes Zusammentreffen eine Uraufführung zur Folge hatte – Strauß komponierte und dirigierte für den Opernball im Großen Wiener Musikvereinssaal am 22. April 1873 den Walzer „Wiener Blut" – wurde die Verbindung des Walzerkönigs mit den „ernsten" Philharmonikern als Sensation gewertet.

In jenem Haus, in dem Johann Strauß Sohn mit seiner Frau Jetty von 1863 bis 1870 wohnte, ist eine Gedenkstätte eingerichtet. Hier, in der einst noblen Praterstraße, entstand der berühmteste Walzer des Komponisten „An der schönen blauen Donau", die inoffizielle Hymne Österreichs. Neben originalen Möbeln und Instrumenten sind auch Bilder, Fotografien und Dokumente aus dem Besitz von Strauß zu sehen.
II., Praterstraße 54
Tel. 214 01 21
www.wienmuseum.at

Was wäre Wien ohne seine berühmten Bälle, die im Fasching zu bekannten Melodien und Walzerklängen in Wiens schönste historische Ballsäle einladen?
Schon im Mittelalter sind Tanzveranstaltungen in Wien überliefert, so zum Beispiel 1347 anlässlich des Besuchs des ungarischen Königs Ludwig des Großen. Auch 1470 wurde ein Tanzfest zu Ehren des ungarischen Königs Matthias Corvinius und Kaiser Friedrichs III. gegeben. Eine Gedenktafel am Haus Bäckerstraße 1 erinnert noch heute an dieses denkwürdige Fest. Ein Höhepunkt der Wiener Ballgeschichte war der Wiener Kongress. Tanzveranstaltungen waren hier offenbar beliebter als die politischen Zusammenkünfte, was zur berühmten Aussage „Le Congrés danse“ (der Kongress tanzt) führte. Schon damals hatte der Ball offensichtlich eine Funktion, die er bis heute erfüllt – die der Kontaktpflege. Besonders spannend ist das, wenn Masken getragen werden, wie das bei einer Redoute der Fall ist.

Rauschende Ballnacht

Rudolfinaredoute

I., Hofburg
VIII., Lenaugasse 3 (Vorverkauf)
Tel. 405 48 11
http://Redoute.rudolfina.at
U3 Herrengasse

Wenn Tanzfreudige auf die Rudolfina Redoute, den Traditionsball der größten katholischen Akademikervereinigung Österreichs, gehen, besteht für alle Damen Maskenpflicht. Die Maskierung sollte im Stil der Operette „Die Fledermaus“, also teilweise das Gesicht bzw. die Augen verdeckend, sein. Niemand gibt sich zu erkennen und die Damen haben die Wahl! Erst nach der „Demaskierungsquadrille“ um Mitternacht dürfen auch die Herren zum Tanz bitten. Die Rudolfina Redoute findet traditionell am Faschingsmontag in der Wiener Hofburg mit zahlreichen Gästen aus aller Welt statt. Redouten mit Maskenpflicht gab es früher mehrere, nur die Rudolfina Redoute ist davon bis heute übrig geblieben. Ihre Tradition geht bis zur österreichisch-ungarischen Monarchie zurück, 1927 fand sie zum ersten Mal in der Hofburg statt. Damals durfte dort übrigens zum ersten Mal „modern" getanzt werden, sprich: lateinamerikanische Tänze. Allerdings nicht im Festsaal, wo das erst nach 1945 erlaubt war. Heute ist im großen Redoutensaal tänzerisch alles erlaubt. Der Saal ist seit der Wiedereröffnung der Hofburg nach dem Brand 1992 eine interessante Mischung von Alt und Neu, denn der große Redoutensaal gehört zu jenem Teil der Hofburg, deren Renovierung unter dem Motto „zeitgemäß" durchgeführt wurde. Das riesige Deckenfresko stammt ebenso wie die Wandbilder vom österreichischen Gegenwartskünstler Josef Mikl. Der kleine Redoutensaal hingegen wurde originalgetreu wieder hergestellt. Dieser Teil der Hofburg war ursprünglich 1705 als Opernhaus errichtet worden. Die Festsäle waren Schauplatz von Konzerten von Strauß und Liszt, der Uraufführung von Beethovens 8. Symphonie und der Hochzeitstafel Josephs II. mit Isabella von Parma.◂

Wer noch einen Tanzpartner sucht, dem sei die Tanzpartnerbörse der Tanzschule Bierbach empfohlen!
I., Getreidemarkt 12
Tel. 58 60 600
www.bierbach.at

Närrisches Treiben

Fasching im Bermudadreieck

I., Seitenstettengasse/Rabensteig/Sterngasse
www.bermudadreieckwien.at
U1, U4 Schwedenplatz

Eines der buntesten Straßenfeste in Wien ist der Fasching im Bermudadreieck, der jedes Jahr am Faschingsdienstag stattfindet. In diesem „Grätzel" rund um die Ruprechtskirche in der Innenstadt wird in allen 26 Lokalen sowie in der gesamten Fußgängerzone und in den schönen Altstadtgassen ausgelassen gefeiert. Tausende Menschen kommen jedes Jahr, verkleiden darf sich jeder, wie er möchte!

Ein typisches Wiener Faschingsfest ist ein so genanntes Gschnas. Das Wort kommt ursprünglich aus dem Slawischen und bedeutet neben „Maskenball" mundartlich auch „wertloses Zeug". Der oder auch das Gschnas ist ein Kostümfest, auf dem es weniger förmlich als auf einem Ball zugeht. Meist steht ein Gschnas unter einem Motto, nach dem Dekoration und Musik ausgerichtet wird und Besucher ihre Verkleidung wählen. Das originellste Kostüm wird meist prämiert. Heute finden Gschnase nicht nur in Vereinen oder im Freundeskreis statt – auch viele Lokale organisieren Gschnasfeste.

Man nimmt an, dass es schon im Mittelalter verschiedene Arten von Tanzveranstaltungen gab: die vornehmen Bälle des Adels, sowie die ausgelassenen Feste der Bürger, die dazu meist Masken trugen. Da es dabei oft recht freizügig zuging, wie Chronisten einhellig schildern, wurden diese Veranstaltungen immer wieder reglementiert. 1458 heißt es in einem Aufruf, dass Lustbarkeiten wie Tanzveranstaltungen sowie das Tragen von Masken auf der Straße aufs

Strengste untersagt seien. Zur Zeit der Türkenkriege im 15. und 16. Jahrhundert wurde in Wien das Faschingstreiben auf der Straße verboten, da man befürchtete, dass osmanische Feinde im Schutze der „Larven" (Masken) in die Stadt gelangen könnten. Im 17. Jahrhundert aber gab es bereits wieder ein reges Faschingstreiben im Freien – offenbar so wild, dass sich der Prediger Abraham a Santa Clara veranlasst sah, gegen diese Art von Tanzereien zu wettern und den Teilnehmern mit der Hölle zu drohen. Oft wurde die Verkleidung von den Wienern auch benutzt, um offen Kritik und Unmut an der Obrigkeit zu üben. Tumulte, Schlägereien und sogar Morde standen an der Tagesordnung. Aus diesem Grund untersagte Maria Theresia das Tragen von Masken im Freien. Dieses Verbot mag mit ein Grund dafür zu sein, dass sich das Wiener Faschingstreiben zunehmend in die Säle verlagerte. Unter dem volksnahen Joseph II. verschwammen die strengen Unterschiede zwischen Tanzveranstaltungen des Adels und jenen des Volkes langsam. So ließ der Kaiser zum Beispiel Bürger zum Ball bei Hof einladen und mischte sich auch selbst im Schutze einer Maske bei Tanzfesten der unteren Klasse unter das Volk.◂

Wer gerade kein Ballkleid oder Frack im Kasten hängen hat, muss deshalb nicht auf einen Ballbesuch verzichten. Dasselbe gilt für ein Faschingskostüm, das man sich ebenso wie eine Ballgarderobe ausleihen kann. In Wien gibt es dafür mehrere Möglichkeiten, besonders viel Auswahl gibt es bei:
Kleiderverleih Rottenberg
IX., Porzellangasse 8
Tel. 317 61 55
www.kleiderverleih.at

Was wäre ein Fasching ohne die zuständige Gilde, die alle Traditionen rund um den Fasching wahrt! In Wien gibt es fünf aktive Faschingsgilden: Meidling, Ober St. Veith, Döbling, Jedlersdorf und Währing, die älteste Wiener Gilde, die auf eine bereits 100-jährige Tradition zurückblickt. Die Wiener Gilden gehören zusammen mit rund 100 anderen österreichischen Gilden dem „Bund Österreichischer Faschingsgilden" an, der seinerseits Mitglied der „Närrisch-Europäischen Gemeinschaft" mit über 10.000 Gilden ist.

Dö-dö! – bling-bling!

Döblinger Faschingsgilde

Haus der Begegnung
XIX., Gatterburggasse 1a
www.doeblingerfaschingsgilde.at
U6 Nussdorferstraße, dann
Straßenbahn 38 Gatterburggasse

Die Wiener Faschingsgilden sind zuständig für das Narrenwecken am 11. November, die Faschingssitzungen, bei denen aktuelle Ereignisse kabarettistisch dargestellt werden, die Organisation des jährlich stattfindenden Umzugs und die Faschingsverbrennung. Jede Gilde hat ihren eigenen Gruß (zum Beispiel „Dö-dö! – bling-bling!" in Döbling), der bei jeder Gelegenheit lautstark kundgetan wird. Eigene Uniformen gehören ebenso zur Gilde wie ein jeweils regierendes Herzogs- oder Prinzenpaar, eine Mädchen- oder Prinzengarde sowie der Elferrat, dessen Aufgabe die Organisation der Aktivitäten im Fasching ist. Wichtiger Fixpunkt sind die jährlichen Faschingssitzungen. Der Brauch des Sitzungsfasching geht auf die mittelalterlichen Büttenreden zurück, die sich ihrerseits auf die alte Form des „Rügerechts" bezieht: Der einfache Bürger durfte in der Faschingszeit ungestraft seine Meinung kundtun. Heute besteht das Programm von Faschingssitzungen im Karikieren und Persiflieren von Personen und

Ereignissen auf lustige Art, ohne zu beleidigen. Ebenso gilt das alte Sprichwort „Die Bütt bleibt frei von Schweinerei".

Am Faschingssamstag findet traditionell der große Wiener Faschingsumzug statt: Mehrere Dutzend Gruppen – Narren, Kapellen, Kostümgruppen und geschmückte Wagen, teilweise auch aus dem Ausland – mit hunderten Teilnehmern sorgen für ausgelassene Stimmung. Pünktlich um 14.11 Uhr startet der mehrere hundert Meter lange, bunte Umzug durch jenen Bezirk, dessen Gilde für die Organisation zuständig ist. Bis zum Anfang der 1990er-Jahre fand der Wiener Faschingsumzug übrigens entlang der Ringstraße statt.

Die Döblinger Faschingsgilde praktiziert erfolgreich den Brauch des Sitzungsfaschings: Ihre „Bezirksgerüchte", die „dank der Zustände in unserem Land für reichlich Stoff und Lachmuskelkrämpfe sorgen", sind weit über die Bezirksgrenzen hinaus bekannt. An mehreren Abenden bietet ein professionelles Ensemble ein unterhaltsames Programm.

Der genaue Termin sowie die Route werden im Döblinger Journal „Dö Dö Bling Bling" und auf der Homepage der Döblinger Faschingsgilde (siehe oben) rechtzeitig publiziert! Ebenso informieren die Wiener Lokalsender Arabella, Ö3 und Radio Wien zeitgerecht und regelmäßig darüber.

Globuli und Cillikugeln

Faschingskrapfen

Konditorei Groissböck
X., Neilreichgasse 96–98 (Zentrale)
Tel. 604 25 10
www.groissboeck.at
U1 Reumannplatz, dann
Straßenbahn 67 Raxstraße

Wer an Fastnacht nicht isst und trinkt, bis ihm der kleine Finger steht, der wird das ganze Jahr nicht satt oder froh", heißt ein altes Sprichwort. Daher auch kein Wiener Fasching ohne Faschingskrapfen! Faschingskrapfen bekommt man in jeder Konditorei und Bäckerei, in jedem Supermarkt. Als Inbegriff des Krapfens fällt vielen Wienern jedoch die Cafè Konditorei Groissböck ein. Ihr Gründer, Rudolf Groissböck, ist der Erfinder des „Wiener Schlemmerkrapfens", einer besonders großen und flaumigen Spezies seiner Art.

Schon die Römer kannten vor über 2000 Jahren das Hefegebäck, das „globuli" (kleine Kugeln) genannt wurde. Ursprünglich dienten die Krapfen der Stärkung der einfachen Bevölkerung vor der langen Fastenzeit. Geistliche und Mönche rieten, vor dem Fasten kräftige Nahrung zu sich zu nehmen: Statt Brot wurden vermehrt nahrhafte Krapfen gebacken.

Auch in Wien waren die Krapfen zur Faschingszeit bald sehr beliebt. Es wird gerne erzählt, dass der Name dieser Mehlspeise auf eine Wiener Mandolettibäckerin namens Cäcilie Krapf zurückgeht, die 1690 mit ihren leckeren „Cillikugeln" Bekanntheit erlangte.

Doch schon im Mittelalter wurde im Fasching „auf einen Krapfen" eingeladen, wenn eine Gesellschaft gegeben wurde. Teilte eine junge Dame ihren Krapfen mit einem Herrn, kam das gar einer Verlobung gleich. Im 17. Jahrhundert ist sogar von einem „Krapfenschiessen" bei Hofe die Rede, Mitte des 18. Jahrhunderts gab es im Inseratenteil der Wiener Zeitung eine eigene Rubrik für Krapfenbäckerinnen. Um 1800 stiegen mit der Beliebtheit der Krapfen auch deren Preise, die sich in der Höhe eines ganzen Mittagessens bewegten. 1815, im Jahr des Wiener Kongresses, sollen insgesamt mehr als zehn Millionen Krapfen gegessen worden sein. Ende des 19. Jahrhunderts dienten die Krapfen sogar zu Werbezwecken: Das Lokal „Zum Engländer" lockte Ballbesucher mit Krapfen, in die Geldstücke eingebacken waren.

Neben den traditionellen Angeboten einer Wiener Cafè Konditorei hat der Groissböck sich auf einen speziellen süßen Service für Feste und Feiern aller Art spezialisiert. Nutzen Sie die Gelegenheit und lassen Sie sich die herrlichen Schlemmerkrapfen für Ihr privates Gschnas anliefern!

Heute gibt es neben dem klassischen Krapfen, der mit Marillenmarmelade gefüllt und mit Zucker bestreut ist, eine Vielzahl an süßen Variationen: mit Vanillecreme, Nougat, Powidl (Pflaumenmus) oder eingebackenen Äpfeln.

Die Fastenzeit wird in Wien traditionell am Aschermittwoch mit dem Heringsschmaus begonnen, auch wenn dabei vom Fasten heute kaum noch etwas zu spüren ist. Seinen Namen verdankt der Heringsschmaus dem gleichnamigen Fisch: dieser war – gesalzen und in Fässern gelagert – als einer der wenigen Meeresfische längere Zeit haltbar. Fisch wurde gegessen, weil Fleisch und Wein in der Fastenzeit verboten war, und er überdies früher ein billiges Nahrungsmittel war. Um die entschlackende Wirkung von Fisch hat man wohl auch schon damals gewusst. Heute warten Restaurants und Lokale mit verschiedensten Fischen und Meeresfrüchten auf. Der traditionelle Heringsschmaus besteht jedoch aus Matjessalat. Dazu wird der Matjes mit Mayonnaise, Sauerrahm, Essiggurken- und Zwiebelwürfeln und vielen frischen Kräutern mariniert.

Wegzehrung für die Fastenzeit

Heringsschmaus

Der Stasta
XXIII., Lehmanngasse 11
Tel. 865 97 88
www.stasta.at
S1, S2 Liesing

Es zahlt sich aus, zum Heringsschmaus mit Weinbegleitung „hinaus“ nach Liesing in den 23. Bezirk zu fahren (die Schnellbahnstation Liesing ist ganz in der Nähe, und Parkplätze gibt es auch genügend): Zu Recht eilt der typisch österreichischen Küche des Hotel Restaurant Stasta ein hervorragender Ruf voraus, das seit den Auszeichnungen von Gault Millau und „A la carte“ schon fast kein Geheimtipp mehr ist! Die Geschichte des Stasta beginnt vor über 70 Jahren in der Wiener Vorstadt: 1936 übernahm Josef Stasta von seinen Eltern deren kleines Alt-Wiener Weinhaus in der Liesinger Lehmanngasse – zu diesem Zeitpunkt schon ein beliebter Treffpunkt im Bezirk. Josef, auch Pepi genannt, war eigentlich gelernter KFZ-Mechaniker mit einer großen Leidenschaft für schnelle Motorräder und Autos. Obwohl er in der Gastwirtszene bald zu einer lokalen Persönlichkeit wurde, betrieb er bis ins hohe Alter sein Hobby. Dank seiner Frau Magdalena, einer Wiener Wirtstochter, schaffte er es, sein Lokal durch den Zweiten Weltkrieg zu bringen. Als 1944 doch noch eine Bombe das Haus zerstörte, bauten sie es mit unermüdlichem Elan wieder auf. Ihre Tochter, auch eine Magdalena, heiratete den g'standenen Meidlinger Wirtssohn Johann Glotz und machte das Gasthaus zu einem florierenden Unternehmen. Inzwischen führt ihr Sohn, Wolfgang Glotz, bereits in der vierten Generation das Restaurant.

Ein Tipp: Besonders gemütlich sitzen Sie im Stasta im Kaminzimmer mit Blick in den Garten!◂

Früher wurde der Übergang von einer Zeit zur anderen oft mit einer bestimmten Speise symbolisiert: Der Heringsschmaus ist noch ein solches Überbleibsel.
Das bekannte Gemälde „Kampf zwischen Fasching und Fasten" von Pieter Bruegel d. Ä. von 1559 ist ein anschauliches Beispiel dafür. Es zeigt den Kampf zwischen Prinz Karneval und Frau Fasten zwischen Wirtshaus und Kirche. Zu sehen im Kunsthistorischen Museum.
I., Maria Theresien-Platz
Tel. 525 24-0
www.khm.at

Zu Besuch bei Dürers Hasen

Albertina

I., Albertinaplatz 1
Tel. 53483-0
www.albertina.at
U1, U2, U4 Karlsplatz

Die Albertina ist eine erstklassige Adresse für Liebhaber der klassischen Moderne. Die wechselnden Ausstellungen erleben jedes Mal einen regelrechten Besucheransturm. Weltbekannt ist die Albertina ja für eine der größten grafischen Sammlungen, außerdem beherbergt sie eine bemerkenswerte Foto-Sammlung sowie eine Architektur-Sammlung.

Die Vermittlung von Kunst wird in diesem Museum ganz großgeschrieben. So gibt es zusätzlich zu den öffentlichen Führungen Programme für Erwachsene mit Kunstgesprächen, Workshops und Seminaren. Albertina Family heißt der Familiensonntag, bei dem Führung und anschließender Workshop ein Ziel haben: gemeinsam Spaß an der Kunst zu haben, egal, welche Vorkenntnisse vorhanden sind.

Die Albertina geht auf Herzog Albert zurück, Ehemann von Maria Theresias Tochter Marie-Christine. Durch seine Funktion als Statthalter in den österreichischen Niederlanden hatte der kunstsinnige Herzog Zugang zum europäischen Kunsthandel. So konnte er den Grundstock von rund tausend Gemälden, die er 1776 vom Genueser Conte Durazzo erhielt, laufend erweitern. Wieder in Wien zurück, bezogen Albert und Marie-Christine ein Palais auf der Bastei, die heutige Albertina. Bis zu seinem Tod 1822 widmete sich Albert der Ordnung und Erweiterung seiner Sammlung. Bedeutende Zeichnungen von Leonardo, Michelangelo und Raffael, Werke von Rubens, Rembrandt, oder Van Dyck gelangen zum Teil durch Tausch in die albertinische Sammlung, ebenso wie die berühmte Dürer Sammlung Kaiser Rudolf II.

Zwölf Meter liegt das Albertina-Palais über dem Stadtniveau – es thront geradezu über dem gleichnamigen Platz. Um zur Eingangsplattform zu gelangen, kann man mit der Rolltreppe nach oben fahren. Oder mit dem gläsernen Lift. Oder aber man schreitet stilgerecht die breite Treppe hinauf. Aber warum erhebt sich das Gebäude so hoch über der Stadt? Das liegt daran, dass nach der ersten Türkenbelagerung 1529 die Stadtmauer ausgebaut und die Basteien – und auf einer solchen befindet sich die Albertina – erhöht und verbreitert wurden. Und als im Jahr 1857 die Stadtmauern geschliffen wurden, wurde dieser Teil als einziger verschont.

Das Gebäude selbst wurde in den Jahren 1742 bis 1745 sowie 1801 bis 1807 errichtet. Bei den umfangreichen Renovierungsarbeiten ab 1994, die zehn Jahre gedauert haben, wurden auch die kaiserlichen Prunkräume nach historischem Vorbild renoviert. Besonders sehenswert: das zur Gänze mit Blattgold überzogene Goldkabinett.◂

Sie sollten einen Blick in den Museumsshop werfen, der zum Ausruhen nach der Museumstour und zum Schmökern einlädt. Oder meldet sich schon der Hunger? Dann nichts wie rein in das angeschlossene Do & Co Café Restaurant. Eine Schauküche gewährt Einblick, als Theke dient ein gewaltiger, rot-grüner Steinblock und Sie haben einen herrlichen Blick hinaus in den Burggarten.

Obwohl das Schmid Hansl ein typisches Wiener Kaffeehaus mit Marmortischen, Thonetsesseln und Logen ist, kann man hier weder frühstücken noch seinen Nachmittagskaffee trinken: Das Schmid Hansl öffnet erst um 20 Uhr, dafür schließt es erst um 4 Uhr früh. Und es hat sich ganz der Wiener Musik verschrieben. Täglich (bis auf Sonntag und Montag) gibt es Live Musik und Unterhaltung, das Repertoire reicht vom Wienerlied über Volks- und Schrammelmusik zu Kabarettliedern, Couplets, und Conferencen. Im Oktober findet traditionell auch die Konzertreihe „Wien im Rosenstolz“ statt. Sündige Lieder zur Sperrstund', Tenöre mit Charme und Wiener Originale beweisen, dass sämtliche Klischees, die sich um das Wienerlied ranken, wahr sind!

Wienerlieder bis in den Morgen

Konzert-Café Schmid Hansl

XVIII., Schulgasse 31
Tel 406 36 58
www.schmidhansl.at
U6 Währinger Straße

Der Name des Konzert-Cafés stammt vom Vater des jetzigen Besitzers, Johann Schmid. Der „Schmid Hansl“ war bereits ein recht populärer Interpret des Wienerliedes, als er 1952 das ehemalige Café Theresienhof übernahm. Wie der Schmid Hansl zum Singen kam, ist eine amüsante Geschichte: Johann Schmid ging gerne mit seiner Gattin Anni zum Heurigen, wo es damals, in den 1920er-Jahren, üblich war, ein wenig mitzusingen, wenn die Schrammeln zum Tisch kamen und spielten. So tat es auch der Schmid Hansl immer gerne. Ein beliebtes Ausflugslokal war damals der Matauschek im Liebhartstal, wo die Brüder

Matauschek allseits beliebte Heurigensänger waren. Niemals getraute sich der Schmid Hansl, der hier Stammgast war, zu singen, wollte er sich doch auf keinen Fall anmaßen, sich mit den großen Sängern zu messen. Sein Ruf dürfte ihm jedoch schon vorausgegangen sein. Denn als ihn eines Tages einer der Brüder Matauschek aufs Podium bat, blieb dem Hans nicht anderes übrig, als zu singen. Der Applaus der Zuschauer war enorm, der Wirt meinte: „So, und ab jetzt singst bei mir a!" und der Aufstieg des Schmid Hansl als Wienerlied-Sänger war nicht mehr zu bremsen. Einige Jahre später erfolgte die Übernahme des heutigen Lokals. Der Vorbesitzer warnte ihn noch ehrlich vor den paar Gästen, die „bei einem kleinen Schwarzen und sieben Glasln Wasser alle Zeitungen auswendig lernen" würden, doch der Schmid Hansl hatte anderes im Sinn. Ihm schwebte von Anfang an ein Café als Nachtlokal zur Pflege des gesellschaftlichen Kontaktes, vor allem aber des Wienerliedes, vor. Das Risiko war groß: Am Eröffnungstag besaß Johann Schmid noch 10 Schilling, er hatte sein ganzes Vermögen in seine Idee vom Wienerlied-Lokal gesteckt! Doch die Rechnung ging auf, das Lokal wurde bald zum Treffpunkt von Sängern, Musikern, Malern und Schauspielern. Berühmte Wienerlieder-Komponisten spielten hier auf dem Klavier für die Gäste des Hauses, und so manch bekannte Melodie ist beim Schmid Hansl entstanden.

Auch zu fortgeschrittener Stunde (bis 4 Uhr früh), wenn sich der Hunger wieder meldet, können Besucher noch in der Küche ordern. Ganz der Tradition des Hauses entsprechend stehen Bohnensuppe, Grammelschmalzbrot, Wiener Schnitzel und ungarisches Gulyas und Marillenpalatschinken auf der Karte.

Warum sich nicht einmal eingehend mit der Kunst der Renaissance und des Barocks beschäftigen? Gerade im Winter hat man oft die Muße, sich weiterzubilden. Nutzen Sie dafür unbedingt eine der interessanten Sonderführungen im Kunsthistorischen Museum (KHM): „Mittags im KHM“ zum Beispiel bietet kurze Führungen zur Mittagszeit (12.30 Uhr) zu wechselnden Themenzyklen. Wer möchte, kann diese Führungen über zwei Monate lang wöchentlich verfolgen, denn sie stehen unter einem gemeinsamen Motto, aber auch Einzelbesuche sind möglich.

Kunst und Kulinarik

Kunsthistorisches Museum

I., Maria-Theresien-Platz
Tel. 525 24 0
www.khm.at
U2, U3 Volkstheater

Der kunstkontext am Nachmittag beinhaltet einen informativen Diavortrag im Medienraum mit anschließender Führung zu einem Original. Die Spezialführungen gibt es jeden Mittwoch- und Freitagvormittag. Dabei konzentriert man sich auf einzelne Künstler, folgt einer Bildtradition oder lernt eine Objektgattung kennen.

Auch zum Thema Kunst und Kulinarik hat sich das KHM in Kooperation mit der Catering-Firma Gerstner etwas einfallen lassen: Jeden Donnerstagabend, von 18.30 bis 22 Uhr gibt es im Rahmen von Kunst & Genuss im Kuppelsaal ein exklusives Buffet. Je nach Lust und Laune können Sie vorher, nachher oder zwischen den Gängen die Ausstellungsräume besichtigen, die an diesem Abend bis 21 Uhr geöffnet sind.

Sie möchten lieber lange schlafen und dann Kultur genießen? Der KUNSTbrunch ist jeden Sonntag von 11 Uhr bis 15 Uhr angesetzt. Nach dem Begrüßungsaperitif und einem exklusiven Buffet in der Kuppelhalle ist ein Museumsbesuch inklusive Führung angesagt. Ein Zuckerl für Familien: Kinder bis 12 Jahre zahlen beim KUNSTbrunch keinen Eintritt und erhalten auch eine kostenlose Kinderführung!

Für die beiden Veranstaltungen Kunst & Genuss und den KUNSTbrunch empfiehlt es sich, bei Gerstner, die auch das Café Restaurant Kuppelhalle im KHM betreiben, einen Tisch zu reservieren.
Tischbestellungen für beide Veranstaltungen unter Tel. 526 13 61 und www.gerstner.at.
Für alle anderen Führungen ist keine Voranmeldung notwendig.

Ein kurzer Exkurs zur Geschichte des KHM: Als im Jahr 1891 der prächtige Bau des Kunsthistorischen Museums an der Wiener Ringstraße feierlich eröffnet wurde, fanden die Kunstschätze des Hauses Habsburg, die über Jahrhunderte zusammengetragen worden waren, endlich ein gemeinsames Zuhause. 20 Jahre lange war an diesem Museum gebaut worden, das Kaiser Franz Joseph I. im Zuge der Stadterweiterung in Auftrag gegeben hatte. Zum zentralen Museumsbau gehört auch das Naturhistorische Museum, das wie ein Zwilling dem Kunsthistorischen gegenüber steht. Acht verschiedene Sammlungen gehören heute zum Kunsthistorischen Museum, von denen ein Teil in der Neuen Burg und im Schloss Schönbrunn untergebracht ist. Im Gebäude am Maria-Theresien-Platz befinden sich die Gemäldegalerie, die Ägyptisch-Orientalische Sammlung und die Antikensammlung, wobei letztere erst 2006 in neuem „Kleid“ eröffnet wurde.◂

Lesen, lesen, lesen

Literatur im Herbst

Alte Schmiede
I., Schönlaterngasse 9
Tel. 512 44 46
www.alte-schmiede.at
U1, U3 Stephansplatz

Ein Fixpunkt in der Literaturszene ist die Veranstaltung „Literatur im Herbst", die seit 1991 jedes Jahr im Herbst (meist im November) für drei Tage angesetzt ist. Mit Länderschwerpunkten, die sich weder nach Moden noch nach kommerziellen Interessen richten, haben sich die Literaturtage einen Namen gemacht. Bekannte AutorInnen und junge, viel versprechende Talente lesen Bekanntes und Unbekanntes, teilweise noch nicht veröffentlichte und eigens für diese Veranstaltung ins Deutsche übersetzte Texte. Vorträge, Podiumsdiskussionen und ein musikalisches Rahmenprogramm runden die Literaturtage ab.
Veranstaltet wird „Literatur im Herbst" von der Alten Schmiede/Kunstverein Wien – übrigens nicht im Stammhaus in der Alten Schmiede, sondern immer extern. In den Räumen in der Schönlaterngasse selbst hat seit 1975 das Literarische Quartier mit laufendem Programm sein Zuhause. Hier fanden seitdem an die 4000 Veranstaltungen mit Größen wie Günther Grass, Elias Canetti und Elfriede Jelinek statt.

Im Kellergewölbe der Alten Schmiede, einem Haus aus dem 15. Jahrhundert, ist noch die Schmiedewerkstatt des Meisters Schmirler aus dem Jahr 1880 zu sehen.
Besichtigung: Mo–Fr 10–13 Uhr

Kochen und lesen

Babette's Kochbuchladen

IV., Schleifmühlgasse 17
Tel. 585 51 65
www.babettes.at
U1, U2, U4 Karlsplatz

Die Idee zu einem Kochbuchladen entstand aus der persönlichen Leidenschaft von Nathalie und Andreas fürs Kochen, für Bücher, für Gewürze – kurzum die sinnlich-kulinarischen Freuden des Lebens. In dem hellen freundlichen Ecklokal in Naschmarktnähe bekommen Sie alle Beratung rund ums gute Essen, daneben gibt es an die 2500 Kochbücher. Neben den Klassikern und Standardwerken finden Sie hier die aktuellsten Neuerscheinungen des deutschsprachigen Kochbuchmarktes, die besten Titel zu allen Länderküchen und eine beeindruckende Auswahl an fremdsprachigen Kochbüchern. Das Schmökern allein lässt einem schon das Wasser im Munde zusammen laufen! Von 12 bis 15 Uhr können jeweils acht Menschen (sechs an der Theke, zwei zwischen den Büchern) direkt verköstigt werden. Hier sind die Grenzen zwischen Köchin, Essern und Buchkäufern fließend. Nicht selten kocht Nathalie auf Anregung ihrer Kunden. Am Abend verwandelt sich das Lokal in ein Kochstudio, wo es neben Kochkursen auch Showkochen mit Spitzenköchen gibt.

Im Babette's finden Sie eine Gewürzetheke mit herrlichen Gewürzmischungen und Pasten. Sie können sich aber auch Ihre persönlichen Gewürzvorlieben frisch abmischen lassen. Zum Verschenken eignet sich auch die attraktive Verpackung.

Große Stücke im kleinen Theater

Ensembletheater

I., Petersplatz 1
Tel. 533 20 39
www.ensembletheater.at
U1, U3 Stephansplatz

Lust auf einen Theaterbesuch? Es muss ja nicht immer das Burgtheater sein, auch die kleinen Theater wie das Ensembletheater haben einen anspruchsvollen Spielplan. Das Innere des kleinen Kellertheaters als schlicht zu bezeichnen ist schon fast eine Übertreibung: Die Besucher sitzen auf sieben Stufen links und rechts des Abgangs. Mehr ist auch nicht notwendig, denn alles konzentriert sich auf die Bühne. Schwerpunkt des Spielplans ist die klassische Moderne.

Die Ursprünge des Ensembletheaters liegen in einer Gruppe von Studenten, die sich 1967 zusammentaten, um die Wiener Theaterszene mit einem „Cafétheater" zu beleben. Nach 15 Jahren des Wanderlebens (Museum des 20. Jahrhunderts, Akademietheater und andere Spielstätten) fand das Cafétheater, das sich seit den 70er-Jahren Ensembletheater nennt, 1982 eine endgültige Bleibe im ehemaligen „Fattys Saloon" des Klarinettisten Fatty George am Petersplatz. Bekannte Namen wie Hanno Pöschl, Erwin Steinhauer und Lukas Resetarits zählten zu den Mitgliedern des Ensembles. Von Anfang an sorgte das Ensembletheater mit vielbeachteten Erst- und Uraufführungen und ausverkauften Produktionen für Schlagzeilen.

Den Theaterabend entspannt ausklingen lassen können Sie noch bis ein Uhr früh im rot gestrichenen Gewölbe der Ensembletheater-Bar.

Für Tanzfreudige ist der Volksgarten im gleichnamigen Park die allererste Adresse. Fans von Boogie Woogie & Rock'n'Roll, langsamem Walzer, Tango und Rumba kommen hier am Wochenende (Freitag bis Sonntag) auf ihre Rechnung. Gleich neben der Clubdisco liegt das gepflegte Tanzcafé, wo ganz nach alter Schule noch aufgefordert wird. Oder auch, nach amerikanischer Sitte, gegenseitig „engagiert" wird, sprich: Auch die Dame darf den Herren zum Tanz bitten. Seit 1824 gibt es hier schon Unterhaltung, und tanzfreudige Wiener zwischen 35 und 60 kommen nach wie vor gerne in die „Banane". So wird das Lokal nämlich liebevoll wegen seiner Halbkreisform genannt. In den späten 50er-Jahren des vergangenen Jahrhunderts wurde das ehemalige Cortische Café adaptiert, mit Tischchen, Tischlampen, Terrassen und Blumenbeeten versehen. Aus dieser Zeit stammt auch das Dach mit der gläsernen Kuppel, unter dem damals Stars wie Ella Fitzgerald mit großen Unterhaltungsorchestern an der frischen Luft Musik machten. Aber auch Horst Winter oder Joe Zawinul traten hier auf.◂

Eins zwei cha-cha-cha

Tanzcafé Volksgarten

I., Burgring/Volksgarten
Tel. 597 13 02
www.volksgarten.at
U2, U3 Volkstheater, Ausgang Ring

Der Montag steht im Tanzcafé ganz im Zeichen des Tangos. Von 20 bis 21 Uhr gibt es zum Aufwärmen eine Schnupperstunde mit geschulten Vortänzern für alle, danach wird bis 2 Uhr früh Tango getanzt, bis die Sohlen rauchen (Eintritt).

Wo kann man das Grau des langen Winteralltags besser vergessen als bei einem unbeschwerten Kabarettabend? Lachen, bis der Bauch weh tut – über die Politik und ihre Akteure zum Beispiel, oder über die eigenen Marotten.

Angriff auf die Lachmuskeln

Kulisse

XVII., Rosensteingasse 39
Tel. 485 44 02
www.kulisse.at
U6 Hernalser Hauptstraße,
dann Straßenbahn 43, 44 Rosensteingasse

Kabarett gibt es in Wien seit rund 100 Jahren – man denke nur an das Simpl, Karl Farkas, oder Helmut Qualtingers „Herr Karl".

Im Zuge des Beisl-Booms in den 1980er-Jahren entstanden neue Kabarettlokale, deren Kombination von Unterhaltung und deftiger Beislküche den Zahn der Zeit trafen. Als eines der ersten solcher Lokale öffnete die Kulisse in Hernals ihre Pforten. Dunkel gestrichene Wände, niedrige Räume und rauchgeschwängerte Luft – in dieser Atmosphäre genießt man noch kleine Wiener Schmankerln vor der Vorstellung im Saal. Mit seinen 25 Jahren firmiert die Kulisse nach wie vor unter „Szene Beisl" und ist überdies schon längst zur Institution geworden. Große Namen der Kabarettszene stehen am Spielplan, aber auch viel versprechende Newcomer. Gutbürgerlich wienerisch essen kann man in der Kulisse auch im angeschlossenen Restaurant.◂

Haben Sie Lust auf ein Konzert einer Gruppe, die Sie mit großer Wahrscheinlichkeit noch nicht kennen? SonntagsMUSIK bietet jeden Sonntag ab 19 Uhr jungen heimischen Bands die Möglichkeit sich vorzustellen.

Swingtime in alten Gemäuern

Jazzland

I., Franz-Josefs-Kai 29
Tel. 533 25 75
www.jazzland.at
U1, U4 Schwedenplatz

In einem urigen Kellergewölbe unter der Ruprechtskirche ist Wiens ältester Jazzlclub zu Hause. Fotos an den Ziegelwänden des alten Gemäuers erzählen die über 30-jährige Geschichte des Lokals. Sechsmal in der Woche wird hier live gespielt; das kleine Lokal ist dann gesteckt voll, die Luft verraucht, die Stühle unbequem, aber es swingt! Von Anfang an wird das Lokal mit viel Idealismus vom Besitzer Axel Melhardt geführt, der es seit 1972 geschafft hat, über 300 internationale Stars und Legenden des Jazz in sein Lokal zu bringen. Nicht selten ist es auch zum Zusammentreffen mit heimischen Größen gekommen, was wesentlich zur Belebung der Wiener Jazzszene beigetragen hat. Reservierungen werden im Jazzland nicht entgegen genommen – kommen Sie also rechtzeitig, um einen guten Platz zu ergattern. Essen können Sie ohnehin gleich hier, die Speisekarte bietet herrliche, typisch wienerische Beislkost. Wo sonst findet man noch Erbsensuppe mit Würstel, gebackene Apfelspalten oder Eiaufstrichbrot? Auch wenn es spät wird – eine Reihe von Snacks gibt es „bis zum bitteren Ende“. Gut zu wissen.

Schenken Sie doch einem Jazzliebhaber zur Abwechslung einen Abend im Jazzland! Gutscheine dafür gibt es täglich ab 19 Uhr an der Kassa.

Go, Tarock, Schach, Carambolbillard, Rummy ... Die angeblich so langen Winterabende eignen sich hervorragend dafür: Zum Spielen. Gemeint sind Gesellschaftsspiele, von denen das Cafè Sperlhof nicht weniger als 800 (!) anzubieten hat. Hier ist es noch geselliger als daheim, und auf die gemütliche Wohnzimmer-Atmosphäre müssen Sie trotzdem nicht verzichten. Dafür sorgt der Wirt Heinz Sommer, unter dessen Aufsicht seit 1986 gespielt wird, bis die Köpfe rauchen. Ob Brett-, Karten- oder Gesellschaftsspiele, Spiele für die Familie, Spiele für Zwei oder für Vier, für Knobler und Denker oder für Profis – hier wird jeder „Spielertyp" zufrieden gestellt. Das Cafè Sperlhof ist bereits eine Spiel-Institution und hat sich außerdem als Stätte regelmäßiger Schach- und Go-Treffpunkte mit Schnupperkursen und Turnieren etabliert. In Zwei Extraräumen kann Poolbillard gespielt werden, selbstverständlich gibt es auch Tischfußball und Internetkabinen. Eine Handbibliothek kann bei eventuellen Unstimmigkeiten beim Spielen weiterhelfen.

Mensch ärgere dich nicht

Café Sperlhof

II., Große Sperlgasse 41
Tel. 214 58 64
U1, U4 Schwedenplatz,
dann Straßenbahn N Obere Augartenstraße

Wollen Sie auch zu Hause einen Spielabend organisieren? In der spielebox der Stadt Wien können Sie unter 4000 Gesellschaftsspielen wählen. Beim Verleih wird pro Spiel und Tag zwischen 7 und 25 Cent berechnet.

spielebox
VIII., Albertgasse 35/II
Tel. 4000-83424
www.spielebox.at

Acht Kugeln + 1

Boccia-Bahn im Expedit

I., Wiesingerstraße 6, Ecke Biberstraße
Tel. 512 33 13
www.expedit.net
U3 Stubentor

Wer kennt es nicht vom Italien-Urlaub, das Bocciaspiel, das in unserem südlichen Nachbarland längst zum Nationalsport avanciert ist? Wenn Sie denken, Boccia ist nur etwas für den Strand und den Sommer, dann irren Sie. Denn im ersten Wiener Gemeindebezirk, im Keller eines ligurischen Lokals, gibt es eine Indoor-Boccia-Bahn. Die zwölf Meter lange Sandbahn kann pro halbe Stunde oder einen ganzen Abend reserviert werden. Eine kleine Warenkunde gefällig? Die „bocce" sind Kugeln aus Stahl, Hartholz oder Kunststein, zur Unterscheidung haben sie verschiedene Muster eingraviert. Eine Kugel hat einen Durchmesser von 11 Zentimetern, sie ist zwischen 920 Gramm und einem Kilo schwer. Gespielt wird mit acht Kugeln und dem kleinen „pallino" (dem Setzball), wobei zwei Teams gegeneinander spielen. Die Kugeln werden dabei gerollt oder geworfen. Besonders unterhaltsam und vielleicht einmal eine Alternative zu herkömmlichen Spielen: Die regelmäßig stattfindenden Boccia-Turniere!

Das Expedit ist ein ligurisches Spezialitätenlokal, das seinem Namen durchaus gerecht wird. Man sitzt in einem ehemaligen Stofflager, das von Pesto, Olivenöl, Pasta und sonstigen Leckereien aus Ligurien überquillt. Die Speisekarte wird mündlich kommuniziert.

Eislaufen in luftigen Höhen

Engelmann

XVII., Syringgasse 6–10
Tel. 405 14 25
www.engelmann.co.at
U6 Hernalser Hauptstraße

Das Eislaufen hat in Wien eine lange Tradition. Das „Schleifen auf dem Eis" war schon im 17. Jahrhundert bekannt und zunächst nur Männern vorbehalten. Ein traditionsreicher und zugleich ungewöhnlicher Ort ist die Eislaufanlage Engelmann im 17. Bezirk, 1909 erbaut, war die Anlage die erste Freiluft-Kunsteisbahn der Welt. Die Idee einer Eisbahn geht auf Eduard Engelmann zurück, der vom Eistanzen so begeistert war, dass er im Garten seines Grundstückes Wasser aufspritzte, um für Familie und Freunde eine Eisfläche zur Verfügung zu haben. 1871 erhielt er dann vom k. k. Bezirkshauptmann in Hernals einen Gewerbeschein zur Benutzung der Anlage, die in den folgenden Jahren durch zwei Bassins erweitert werden konnte. Der Sportplatz Engelmann wurde nicht nur im Winter genutzt: Dort, wo im Winter die Kufen kratzten, trainierten im Sommer Kanufahrer und Rudersportler. Auch für Rollschuhläufer gab es genügend Platz. Eduard Engelmann junior war übrigens ein erfolgreicher Sportler. Zweimal war er Europameister im Eiskunstlauf, er war Rollschuhläufer und Pionier des Radfahrsports. 1894 übernahm er die Leitung des Platzes. Sein Projekt einer Freiluft-Kunsteisbahn, anfänglich belächelt, wurde bald ein großer Erfolg. Aus der Familie Engelmann gingen zahlreiche große Eiskunstläufer (vom Olympiasieger bis zum Weltmeister) hervor, und viele bekannte Sportler nutzten die Anlage zum Training.

Im Zweiten Weltkrieg wurde der Platz völlig zerstört, doch nach nur einem Jahr konnte der Betrieb wieder notdürftig aufgenommen werden. Ein Schwimmbad sowie Boxkämpfe lockten zahlreiche Sportler und Zuschauer an. 1972 wurde auf dem Grundstück ein Warenhaus erbaut – mit der Auflage, den Eislaufplatz zu erhalten. Seitdem gibt es den „Engelmann am Dach", der 2.600 Quadratmeter Eisfläche für Jung und Alt bietet.

Beim Engelmann läuft die ganze Saison von Oktober bis März über ein passendes Programm auf dem Eis: vom Krampuskränzchen über Weihnachtskindergarten mit kostenloser Betreuung am Vormittag des Heiligen Abend bis zum Tanz und zur Eisdisco ins neue Jahr. Selbstverständlich gibt es auch im Fasching Entsprechendes: eine Faschingstanzrunde für Jung und Alt, eine Faschingseisdisco mit Kostümen sowie einen Kinderfasching mit Animation und Showprogramm. Das genaue Programm ist auf der Homepage abrufbar.◂

Wollen Sie nach der langen Silvesternacht auf dem Eis Ihren Kopf auslüften? Am ersten Jänner gibt es beim Engelmann ab 15 Uhr beruhigende Antikopfwehmusik!

Mit schnittigen Kufen

Wiener Eistraum

I., Rathausplatz
Tel. 40 900 40
www.wienereistraum.com
täglich von 9 bis 23 Uhr
U2 Schottentor, dann
Straßenbahn 1, 2 Rathaus/Burgtheater

Der Wiener Eistraum ist kein gewöhnlicher Eislaufplatz – vielmehr ist er ein Eislauf-Event. Denn von Mitte Jänner bis Anfang März mutiert der Rathausplatz zu einem der größten Outdoor Eislaufplätzen Europas: Auf der 1800 Quadratmeter großen Eislauffläche und der 450 Quadratmeter Eisstockbahn tummeln sich Eislaufwütige jeden Alters. Musikalische Unterhaltung wird beim Eistraum ganz groß geschrieben: Die Radio-Wien-Disco gibt Hits und Oldies zum Besten, der Mittwoch ist traditionell dem Musical verschrieben. Die Musik kommt dabei nicht (nur) vom Band – auf der Eistraum-Bühne finden regelmäßig Live-Acts mit bekannten Stars statt. Wem trotz heißer Musik und schneller Runden kalt geworden ist, der kann in eines der Wärmezelte wechseln, um Zehen und Finger wieder aufzutauen. Das kulinarische Angebot kann sich ebenfalls sehen lassen: Gebratenes aus dem Wok, böhmische Mohnnudeln, griechisches Gyros, Deftiges aus Österreich und amerikanische Spezialitäten werden in verschiedenen Hütten angeboten (wie gesagt: das ist kein gewöhnlicher „Eislaufplatz"). Zusätzlich gibt es jedes Jahr wechselnde Special Events, auch für Kinder lässt man sich immer etwas einfallen.

Sie haben keine eigenen Schlittschuhe? Kein Problem, beim Wiener Eistraum gibt es Schuhe in allen Größen zu leihen. Bei der Garderobe können Rucksäcke abgegeben werden, eine Erste Hilfe-Station steht zur Sicherheit bereit, und auch die Toiletten sind schlittschuh-gerecht ausgestattet. Der Wiener Eistraum wurde 1996 ins Leben gerufen. Sommer-Events gab es bereits, doch im Winter fehlte ein vergleichbares Highlight. Von Anfang an wurde der Eistraum, der in seinen Anfängen noch Wintertraum hieß, vom Publikum gestürmt. Sogar dem amerikanischen Fernsehsender CNN war das innerstädtische Eislaufevent einen Bericht wert. Hunderttausende Besucher kommen jedes Jahr zum Rathausplatz. Gigantische Ausmaße sind auch beim Material zu verzeichnen: 3000 Tonnen Schotter und 460 Kubikmeter Holz werden hier verarbeitet. Auf den Umweltaspekt wird dabei besonderen Wert gelegt: Statt Nägel werden nur Schrauben verwendet, auf diese Art kann ein Großteil des Holzes wieder verwendet werden.

Wenn die Füße von den Schlittschuhen schon drücken und Sie noch gemütlich in der Nähe einkehren möchten, können Sie das in der Café Konditorei Sluka gleich am Rathausplatz tun. Die köstlichen Mehlspeisen entschädigen für eventuelle Blasen an den Füßen. Achtung: Am Sonntag geschlossen!
Café Konditorei Sluka
I., Rathausplatz 8
Tel. 405 71 72
www.slukat.at

Auf dem Schneegeleise

Schwarzenbergpark

XVIII., Parkeingang Höhenstraße/
Neuwaldegger Straße
www.wien.gv.at/wald/erholung/schwarz.htm
U6 Hernals, dann
Straßenbahn 43 bis Endstation

Wenn es heftig schneit und die Schneedecke in der Stadt 20 Zentimeter hoch ist, rückt das Sportamt aus, um Loipenspuren zu ziehen. Wundern Sie sich nicht, wenn Sie in der U-Bahn oder in einem Bus einem Wintersportler mit Langlaufausrüstung begegnen – denn alle sechs Loipen sind gut mit den öffentlichen Verkehrsmitteln zu erreichen. Auf manchen Strecken ist sogar ein Höhenunterschied zu bewältigen, wie zum Beispiel auf der vier Kilometer langen Loipe im Schwarzenbergpark. Das Erholungsgebiet erstreckt sich über 80 Hektar am Rande des 17. Bezirks und geht nahtlos in den Wienerwald über. Der Schwarzenbergpark war der erste Landschaftsgarten Österreichs. Ein gewisser Graf von Lacy, Feldmarschall von Kaiserin Maria Theresia, erwarb 1756 das Gelände mit dem Schloss und ließ einen englischen Landschaftsgarten anlegen, an dessen höchstem Punkt er 17 Schilfrohrhütten errichten ließ. Hier in Hameau (Dörfchen) fanden allerhand Lustbarkeiten statt. Eines der „Hollandhäusln" steht heute noch da.◂

Am Hanslteich liegt ein Gasthaus, das auch genau so heißt. Hier können Sie sich nicht nur aufwärmen, sondern auch sehr gut essen. Nur am Mittwoch, und wenn das Wetter wirklich schlecht ist, hat das Gasthaus geschlossen.

Am Hanslteich
XVII., Amundsenstraße 10 A
Tel. 485 41 39
www.hanslteich.at

Winterspaß mit der Familie

Steinhofgründe

XIV., Erholungsgebiet Steinhof/
Johann Staud-Straße
www.wien.gv.at/wald/erholung/stein.htm
U3 Ottakring, dann
Bus 46B, 146B Feuerwache Steinhof

Wer die Johann-Staud-Gasse hinauffährt und bei der Feuerwache ankommt, würde nur schwerlich vermuten, dass sich dahinter ein traumhaftes naturbelassenes Erholungsgebiet befindet. Bei guter Schneelage wird auf den Steinhofgründen sogar eine Loipe gespurt. Hier muss man sich schon ein bisschen anstrengen, denn auf dem 3,5 Kilometer langen Rundkurs sind rund 70 Meter Höhenunterschied zu bewältigen. Wer es eher gemütlich liebt, kann einen wunderbaren Spaziergang durch die Schneelandschaft machen. Auch Kinder kommen auf ihre Rechnung: Ein langer Rodelhügel mit vielen Buckeln bietet eine aufregende Abfahrt.

Die Steinhofgründe gehörten ursprünglich zum heutigen Otto-Wagner-Spital und wurden damals als Gärten genutzt. In den 1970er-Jahren sprachen sich 140.000 Wiener und Wienerinnen gegen eine Verbauung der Steinhofgründe aus, das Areal wurde ausgestaltet und ist heute ein wichtiges städtisches Erholungsgebiet.◂

Suchen Sie ein gutes bodenständiges Gasthaus in der Nähe? Da empfiehlt sich das Niggl. Hier kocht der Chef persönlich. Der junge ambitionierte Harald Niggl übernahm den Familienbetrieb 2005 und bietet Wiener Küche mit Pfiff.

Gasthaus Zum Niggl
XVI., Rankgasse 36
Tel. 493 19 06
www.zum-niggl.at

Volle Fahrt bergab

Kaffeehausberg

XXII., zwischen Arbeiterstrandbadstraße, Donauturmstraße und Am Hubertusdamm
www.wien.gv.at/sportamt/
U1 Alte Donau, dann 10 Minuten zu Fuß

Sobald in Wien der Schnee liegen bleibt, schwärmen Junge und Junggebliebene mit ihren Rodeln, Schlitten und Bobs aus: rund 70 Rodelhügel und -bahnen von 10 bis 350 Metern Länge gibt es in ganz Wien. Beinahe alle sind ganz einfach und umweltfreundlich mit U-Bahn und Straßenbahn zu erreichen. Ist viel Schnee gefallen, werden sogar einige Straßen von der Stadtverwaltung abgesperrt und nicht geräumt. Hier dürften dann nur Schlitten, aber keine Fahrzeuge fahren. Rodeln ist eine der ältesten Sportarten, da es sich ja ursprünglich um eine Form der leichteren Fortbewegung im Winter handelte. Schon Anfang des 14. Jahrhunderts tauchten zum ersten Mal von Pferden, Ochsen, Hunden oder Rentieren gezogene Schlitten auf. In Mode kamen dann sogar Zweisitzer für sonntägige Spazierfahrten. Sehr zum Ärger des Predigers Johannes von Capistrano. Der streitbare Italiener verkündete 1452 von der Kanzel des Stephansdomes, Schlittenfahrten zu zweit seien eine „höchst unmoralische Sache“. Er verdammte die Geschwindigkeit, die erreicht werden konnte, verurteilte den „Vergnügensrausch“ und vor allem das „dichte Beieinandersitzen von Mann und Frau“ auf dem Schlitten. Folge der harschen Predigt war, dass sich wenige Stunden danach 72 Bauern auf dem Vorplatz des Domes versammelten und ihre „Lustlenker“ verbrannten. Großgrundbesitzer, Kaufleute und Adlige aber ignorierten den Aufruf.
Im 18. Jahrhundert amüsierte sich vor allem der hohe Adel mit Schlittenfahren. Dabei gab es wie beim Tanz die „Da-

menwahl“ und natürlich galt: Je kostbarer verziert der Schlitten, desto höher das Ansehen der Dame! Heute ist Rodeln längst ein Breitensport. Eine teure Profi-Sportrodel ist nicht notwendig. Manch Hartgesottener wurde schon mit einem einfachen Plastiksackerl unter dem Allerwertesten gesichtet!

Die 100 Meter lange Rodelstrecke am Kaffeehausberg im Donaupark im 22. Bezirk ist seit jeher Anziehungspunkt für Familien. Denn auch an schneearmen kalten Tagen gibt es hier Rodelspaß pur! Die Strecke wird eigens beschneit, eine Schneekanone erzeugt 60 Kubikmeter Schnee pro Stunde.

Der Kaffeehausberg entstand aus dem Aushubmaterial des Irissees, der anlässlich der Internationalen Gartenschau 1964 angelegt wurde. Seinen Namen verdankt der Berg dem Kaffeehaus, das es bis in die 1980er-Jahre dort gegeben hat.

Wenn man sich das bunte Treiben am Kaffeehausberg von oben ansehen will, kann man mit einem der beiden Expresslifte mit einer Geschwindigkeit von 6,2 Metern pro Sekunde zur Aussichtsterrasse auf den Donauturm gelangen. Zwei drehbare Restaurants in 160 bzw. 170 Metern Höhe bieten neben kulinarischen Schmankerl einen unvergleichlichen Panoramablick. Jedes Jahr im November findet zudem im Donauturm der Treppenlauf über 776 Stufen statt.

XXII., Donauturmstraße 4
Tel. 263 35 72
www.donauturm.at

Ganz richtig: In Wien kann man schifahren! Der Schisport in Wien hat eine weitaus längere Tradition als man glauben möchte: Am 31. Oktober 1891 wurde der „Erste Wiener Ski-Club" gegründet. Im Winter 1892–1893 gaben zwei in Wien lebende norwegische Schifahrer dem Publikum in Pötzleinsdorf (18. Bezirk) erstmals eine Vorstellung ihres Könnens. Kurz darauf folgte auch der erste Schiwettlauf auf der Pötzleinsdorfer Wiese im heutigen Bereich der Endstation der Straßenbahnlinie 41. Bereits am 5. und 6. Jänner 1896 wurde hier ein internationales Schisportfest mit den Bewerben Schispringen, Rundrennen über 3000 Meter und Langstreckenrennen auf einem Rundkurs ausgetragen. Damals waren übrigens die Norweger siegreich.

Schnelle Pisten

Schilift Hohe Wand

Schilift Hohe Wand
XIV., Mauerbachstraße 172–174,
Tel. 979 10 57
www.sport.wien.at
U4 Hütteldorf, dann
Bus 249, 250 Hohe-Wand-Wiese

Seit 1966 hat die Stadt Wien eine eigene Schipiste mit Liftanlage, die Hohe-Wand Wiese, einen wunderschönen Steilhang inmitten der Stadt. Sie war eine der ersten, die mit Flutlichtbeleuchtung und einer Schneekanone ausgestattet wurde. Ein Jahr später schrieb Wien abermals Schigeschichte: Die Hohe-Wand-Wiese war Austragungsort des ersten Parallelslaloms Europas. 1986 fand abermals ein Weltcup-Parallelslalom hier statt.

Auf der Hohe-Wand-Wiese gibt es heute noch Schivergnügen von der Früh bis in die Nachtstunden: Bis 21.30 Uhr während der Woche, am Wochenende bis 22 Uhr! Die Piste ist 400 Meter lang und bis zu 80 Meter breit, sie hat ein Gefälle von maximal 25 Prozent. Hier kommen nicht nur Familien mit Kindern, sondern durchaus auch Schi- und Snowboard-Freaks auf ihre Rechnung! 8000 bis 9000 Menschen befördert der Schlepplift im Durchschnitt täglich, vor allem am Wochenende tut sich hier einiges. Kein Wunder, bei den wirklich moderaten Preisen. Eine kleine Hütte bei der Einstiegsstelle des Schleppliftes sorgt mit warmen Getränken und Snacks für Stärkung.

Wollten Sie nicht schon immer einmal das Snowboarden ausprobieren, hatten aber keine Zeit dafür? Die Schischule Hohe Wand Wiese bietet Abendkurse an! Also nach dem Büro in den Schianzug und ab auf die Piste! Infos unter Tel. 0676/424 09 71 und www.schischule-wien.at

Jedes Jahr im Jänner organisiert die Stadt Wien für alle Ski- und Snowboardbegeisterten die snowEmotion. Vier Tage stehen ganz im Zeichen der Jugend und des aktiven Wintersports. Tagsüber finden Snowbordrennen und Schirennen statt, am Abend spielen im Partyzelt die DJs auf. Anmeldungen zu den Rennen werden unter www.eastcup.at angenommen.

Schwimmen, schwitzen und kneippen

Sargfabrik

XIIII., Goldschlagstraße 169
Tel. 988 98-120
www.sargfabrik.at
U3 Hütteldorferstraße, dann Straßenbahn 49 Breitensee

Auf dem ehemaligen Areal der einst größten Sargtischlerei der Donaumonarchie ist neben einem Veranstaltungs- und Seminarzentrum auch ein Badehaus untergebracht. Hier können Sie nach schwimmen, schwitzen, kneippen und dampfen – und das rund um die Uhr! Die Organisation als Club macht's möglich: Für einen vergleichsweise geringen Betrag werden Sie Mitglied und gleichzeitig auch – nach einer Einschulung durch den Bademeister – Badegeselle und damit mit allen anderen verantwortlich für den reibungslosen Ablauf im Badehaus. Dafür können Sie alle Einrichtungen nutzen, wann immer Sie möchten. Gäste können selbstverständlich mitgebracht werden. Für Nachtschwärmer gibt es ein besonderes Zuckerl: Zum reduzierten „Mondscheintarif" kann täglich zwischen 22 und 6 Uhr geplanscht werden. Das Schwimmbecken hier ist zwar nicht riesengroß, dafür wohltemperiert und mit einer Gegenstromanlage ausgestattet. Drei große Wannen bieten Platz zum Pritscheln für die ganze Familie, ein Tauchbecken, Whirlpool, Tepidarium und ein Strand sorgen für Badevergnügen so lange Sie möchten.

Im Kulturhaus der Sargfabrik gibt es regelmäßig die verschiedensten Kulturveranstaltungen. Außerdem können sowohl das Badehaus als auch die Veranstaltungsräumlichkeiten gemietet werden!

Gerade in der kalten, finsteren Jahreszeit ist das Bedürfnis, sich selbst und seinem Körper etwas Gutes zu tun, besonders groß. Oft fehlt die Lust, sich warm anzuziehen und ins Freie zu gehen. Und öffentliche Bäder sind auch nicht jedermanns Sache. Erholungssuchenden Menschen, die sich mit Düften, Farben und Wasser verwöhnen lassen möchten und noch dazu eine intime Atmosphäre schätzen, sei die Wohlfühloase 4 Elements empfohlen. Beim Betreten der großzügigen Altbauwohnung im Zentrum der Stadt steigen einem gleich anregende Düfte in die Nase. Die Behandlungen erfolgen nach dem ganzheitlichen Konzept der Einheit der vier Elemente: Wasser entspricht unserer Seele, Erde der Basis, Feuer unserer Tatkraft und Luft dem Geist. Dementsprechend sind auch die verschiedenen Behandlungsräume – die Bäder, Kosmetikkabinen, Massageräume und der Ruheraum – farblich gestaltet. Farb- und Stilberatung, Ernährungs-, Bachblüten und astrologischer Beratungen vervollständigen das Angebot.

Die vier Elemente

Das Schönheitsprogramm

4 Elements
I., Heinrichsgasse 4
Tel. 533 56 57
www.4elements-wellness.at
U2, U4 Schottenring

Ein paar Straßen weiter finden Sie das passende kulinarische Angebot: In der Bio Bar von Antun gibt es Spezialitäten der vegetarischen und veganen Küche, dazu Bioweine und Ökobier.
die Biobar von antun
I., Drahtgasse 3
Tel. 968 93 51
www.biobar.at

Abseits vom Trubel der großen Erlebnisbäder liegt das Jörgerbad. Ausgestattet im Stil der Wiener Werkstätten wurde es 1914 als zweites städtisches Hallenbad erbaut. (Das erste war das Dianabad, das schon 1842 eine gedeckte Schwimmhalle besaß.)

Die Kultur des Badens hat in Wien eine lange Geschichte, schon die Römer im Militärlager Vindobona waren für ihre großzügigen Bäder mit beheizten Steinbecken und -wannen bekannt. Es gehörte zur römischen Gastfreundschaft, Besuchern und müden Wanderern ein erfrischendes Bad anzubieten. Eine dieser Badeanstalten befand sich in der heutigen Wollzeile. Die nächsten Bäder sind erst wieder im 13. Jahrhundert belegt. Damals wurde mit einem Horn „zum Bade geblasen“. In den Badestuben gab es neben Warmwasserbädern in Holzbottichen auch Schwitzbäder, man konnte sich die Haare schneiden oder rasieren lassen; sogar Aderlass und Wundversorgung zählten zum Angebot. Bis zum 16. Jahrhundert erfreuten sich die Badestuben großer Beliebtheit, wobei wohl weniger die Reinigung und Körperpflege im Vordergrund standen als das sinnliche Erleben. Reformation und Gegenreformation sowie die Krankheit Syphilis, die sich schnell verbreitete, bescherten den freizügigen Badeanstalten bald ein Ende. Im 17. und 18. Jahrhundert war Baden und Waschen völlig verpönt, 1655 schreibt der französische Arzt und Journalist Théophraste Renaudot: „Das Baden ist, außer aus drin-

Stilvolles Badevergnügen

Jörgerbad

XVII., Jörgerstraße 42–44
Tel. 406 43 05
www.wien.gv.at/baeder/stadtbad/joe.htm
U6 Hernalser Hauptstraße, dann Straßenbahn 43 Bergsteiggasse

genden medizinischen Gründen nicht nur überflüssig, sondern auch sehr schädlich für die Menschen ...“

Die Gedanken der Aufklärung beeinflussten schließlich die Einstellung zum Bad. Man erkannte, dass mangelnde Hygiene mit Schuld am Ausbruch von Seuchen und Epidemien war. Im Prater entstand 1813 die erste k.k. Militärschwimmschule, 1887 folgte das erste Wiener Volksbad in der Mondscheingasse 9 im siebten Bezirk. In diesen Badeanstalten konnte es sich jeder leisten, für eine halbe Stunde zu duschen. Der Andrang war jedoch so groß, dass oft nur wenige Tropfen aus der Dusche kamen, worauf sich bald er Name „Tröpferlbad“ durchsetzte.

Neben einer Sauna und einer Wasserrutsche ist das Jörgerbad auch allen FKK-Freunden zu empfehlen, denn am Samstag darf man hier von 17–21.30 Uhr nackt baden. Jeden Mittwoch ab Oktober von 14–21.30 Uhr gibt es Warmbadetage. Da hat das Wasser dann angenehme 31 Grad.

Gegen Ende der Regierungszeit von Kaiser Franz Joseph nahm das Schwimmen erstmals eine wichtige Rolle in der Gesundheitsvorsorge ein. Der breiten Masse der Bevölkerung sollte der ganzjährige Besuch eines Bades ermöglicht werden. Schon damals wurde an das große Schwimmbad im Jörgerbad ein eigenes Kinderbecken angeschlossen. Hier übernahm dieses Hallenbad eine Vorreiterrolle: Während in den anderen Bädern Männer und Frauen getrennt badeten und Kinder gar nicht berücksichtigt wurden, bot das Jörgerbad der ganzen Familie Gelegenheit zum gemeinsamen Badevergnügen. Nach den Zerstörungen des Zweiten Weltkrieges mussten viele Badeanlagen wieder aufgebaut werden. Einzig das Jörgerbad konnte durch den ganzen Krieg hindurch den Badebetrieb aufrechterhalten.

Angenehm warme Temperaturen um die 26 Grad Celsius, einen Wasserfall, Teiche, üppige tropische Gewächse und bunte Schmetterlinge, die vor der Nase flattern – dieses tropische Flair herrscht im Schmetterlinghaus im Burggarten vor. Hier existiert auf 280 Quadratmetern eine eigene dynamische Welt, in deren Mittelpunkt rund 150 verschiedene Schmetterlingsarten stehen – ungefähr 400 Stück sind es insgesamt. Völlig frei fliegen sie umher, kreuzen die Bahnen der Besucher und lassen sich auch manchmal auf einer Schulter oder einem Kopf nieder. Wo sonst hat man die Gelegenheit, prachtvolle Exemplare aus nächster Nähe zu beobachten? Zum Beispiel den Atlasfalter, dessen Flügelspannweite bis zu 30 Zentimetern erreicht. Besonders interessant auch der Puppenkasten, in dem der Lebenszyklus eines Schmetterlings gezeigt wird. Mit etwas Geduld kann man sogar miterleben, wie ein Schmetterling aus der Puppe schlüpft. Auf übersichtlichen Schautafeln erfahren Sie noch mehr über den Lebenszyklus eines Schmetterlings: Dass er seine Eier stets an der Unterseite eines Blattes ablegt, damit sie vor Sonne und Regen geschützt sind. Dass sich eine Raupe fünf- bis sechsmal Mal häutet, bevor sie ausgewachsen ist und sich verpuppt. Dass die Flügel des Schmetterlings anfangs noch sehr klein und faltig sind, sobald er jedoch Blut in seine Flügeladern pumpt, sich die Flügel ausbreiten. Die Schmetterlinge, die hier zu sehen sind, werden eigens gezüchtet, kein Tier wird in der freien Natur gefangen. Man möchte damit besonders auf den weltweiten Schutz von Schmetterlingen aufmerksam machen.

Die Tropen in der Stadt

Schmetterlinghaus

I., Burggarten
Tel. 533 90 83
www.schmetterlinghaus.at
U1, U2, U4 Karlsplatz

Bereits 1826 wurde im Burggarten ein 130 Meter langes Gewächshaus errichtet, eine Orangerie nach dem Vorbild jener in Schönbrunn. Seine rückwärtige Wand war Teil der alten Wiener Stadtmauer. Es wurde vorwiegend von Kaiser Franz Joseph zur Entspannung genutzt. 1901 wurde es durch einen Neubau ersetzt – der Jugendstilglasbau zählt zu den schönsten dieser Epoche. Heute sind in dem gesamten Gebäude neben dem Schmetterlinghaus auch ein Winterquartier für die Pflanzen der Bundesgärten und ein Café untergebracht.◂

Im angrenzenden Cafè Palmenhaus sitzt man ebenfalls zwischen tropischen Pflanzen, allerdings ist es hier nicht ganz so heiß. Tagsüber Café und Brasserie, mutiert das Palmenhaus abends bis zwei Uhr zur Bar mit trendiger Musik und einem ebensolchen Publikum. Apropos: es gibt eine tolle Frühstückskarte (bis 13.00 Uhr) mit einem Carpe Diem Frühstück. Lassen Sie sich überraschen …

I., Palmenhaus Burggarten
Tel. 533 10 33
www.palmenhaus.at

Wenigstens für ein paar Stunden in den Süden fliehen und noch dazu gut speisen kann man im Restaurant Hansen. Im Souterrain des historischen Börsengebäudes herrscht mediterrane Palazzo-Atmosphäre. Üppige Grünpflanzen, duftende Blumen und dekorative Terracotta-Gefäße des Gartenbaubetriebes, der seine „Römische Markthalle“ (siehe Seite 34) gleich anschließend betreibt, sind dafür verantwortlich. Die Stilrichtung der Küche bewegt sich zwischen fernöstlich und Mittelmeer, das Schöne daran ist, dass man von allem auch kleine Portionen bestellen kann. Auch ein ausgedehntes Frühstück – wie wär's einmal mit griechischem Joghurt mit Honig und Beeren, oder mit knusprigem Speck mit Rosmarin? – schmeckt in diesem Ambiente einfach besser.

Ausflug ans Mittelmeer

Restaurant Hansen

I., Wipplingerstraße 34
(im Börsengebäude)
Tel. 532 05 42
www.hansen.co.at
U2 Schottentor

Warum nicht einmal einen Kochkurs besuchen? „Culinary Monday“ nennt sich der Workshop im Hansen, bei dem nicht nur meisterhaft gekocht wird, sondern auch die passenden Weine ausgesucht und die passende florale Dekoration gestaltet wird. Inklusive Abendessen. Termine auf der Homepage oder telefonisch erfragen.

Ein Park der Ruhe

Wiener Zentralfriedhof

XXI., Simmeringer Hauptstraße 234
www.wien.gv.at
U3 Simmering, dann Straßenbahn 71
Haupttor (2. Tor)

Der Wiener Zentralfriedhof ist schon beinahe eine Sehenswürdigkeit. Viele Touristen pilgern hierher, um die zahlreichen Ehrengräber zu besichtigen. Auf dem 2,5 Quadratkilometer großen Areal lassen sich aber auch beschauliche Spaziergänge unternehmen; ein Verirren ist nicht leicht möglich, die breiten Alleen sind sternförmig angelegt und führen zu der wunderschönen Friedhofskirche im Jugendstil im Zentrum des Friedhofs. An ihrer Vorderseite liegt die Präsidentengruft, um die Kirche sind die Ehrengräber prominenter Wiener gruppiert. Interessant ist auch der „Park der Ruhe und Kraft", wo Besucher Energie aus den Kräften der Natur schöpfen können.
1874 wurde der Zentralfriedhof als zweitgrößter Friedhof Europas vor den Toren der Stadt eröffnet. Seine Einweihung als Begräbnisstätte für alle Konfessionen löste große politische Diskussionen aus.◂

Mit seinem morbid phantastischen Charakter lädt das Schloss Concordia gegenüber vom Zentralfriedhof zum Aufwärmen und Verweilen ein. Das ehemalige Kontor des Hofsteinmetz' Sommer wurde originalgetreu restauriert. Genießen Sie hier bei einem köstlichen Apfelstrudel den Blick in den romantisch verschneiten Park!
Café Restaurant Concordia
XI., Simmeringer Hauptstr. 283
Tel. 769 88 88

Friedhöfe erleben einmal im Jahr einen regelrechten Ansturm: zu Allerheiligen und Allerseelen, am 1. und 2. November, wenn zahlreiche Menschen die Gräber von Verwandten und Bekannten besuchen. Zu dieser Zeit gleichen sie oft einem bunten, üppigen Blumenmeer. Freilich sind Friedhöfe in erster Linie Orte des Gedenkens und der Besinnung; viele der historischen, gepflegten Anlagen laden jedoch auch zu ausgedehnten Spaziergängen ein. Fast alle Wiener Friedhöfe beherbergen zudem die Gräber prominenter Personen, die ebenfalls Anziehungspunkt für Besucher sind.

Auf der Suche nach Stille

St. Marxer Friedhof

III., Leberstraße 6–8
Tel. 796 36 13
U3 Rochusgasse, dann
Bus 74A Grasbergergasse

Noch zur Jahrhundertwende waren prunkvolle Beerdigungen mit der „schönen Leich'" an der Tagesordnung. Feierliche Kondukte mit mehrspännigen, gläsernen Leichenwagen, Blumenwagen und Trauerkutschen waren fast täglich auf der Simmeringer Hauptstraße Richtung Zentralfriedhof unterwegs. Freilich durften auch die „Pompfüneberer", jene feierlich gekleideten, uniformierten Leichenbegleiter, nicht fehlen.

Viele aufgelassene Friedhöfe sind heute Parkanlagen, denen die teilweise noch vorhandenen verwitterte Grabsteine, die Denkmäler großer Persönlichkeiten und barocke Gräberhaine eine besondere Atmosphäre verleihen. Einer der sicherlich schönsten und stimmungsvollsten Friedhöfe ist der aufgelassene Biedermeierfriedhof von St. Marx. Er hat zu jeder Jahreszeit seinen Reiz – vor allem dann, wenn der Schnee die alten Steine mit einer Haube bedeckt und einfallende Nebelschwaden die alten Gräber in diffuses Licht tauchen. Von 1784 bis 1874 war er einer der fünf „Communal Friedhöfe“, die auf Veranlassung von Kaiser Joseph II. aus hygienischen Gründen außerhalb der Stadt angelegt wurden. Mit der Eröffnung des Zentralfriedhofes fanden hier kaum mehr Begräbnisse statt, der Friedhof wurde stillgelegt. Die Gebeine der bedeutendsten Toten wurden damals von St. Marx nach Simmering gebracht, lediglich die Gedenksteine blieben stehen. Danach war der Friedhof dem Verfall preisgegeben und sollte sogar aufgelassen werden. Doch 1937 wurde die Anlage instand gesetzt, unter Denkmalschutz gestellt und öffentlich zugänglich gemacht. Von rund 8000 Gräbern sind heute noch 5635 erhalten geblieben. Schlendern Sie gemächlich durch diesen einzig erhaltenen Biedermeierfriedhof Wiens, und lassen Sie die Stimmung auf sich wirken. Wenn Sie mehr über einzelne Gräber und die gesamte Anlage wissen möchten, wenden Sie sich bezüglich einer Führung an das Bezirksmuseum Landstraße für den dritten Bezirk (Telefonnummer: 711 34 03 127).

Hauptanziehungspunkt des St. Marxer Friedhofes ist das Mozart-Grab. Mozart wurde 1791 ganz schlicht in einem Schachtgrab ohne jedes Gedenkzeichen beerdigt. Erst 1859 ließ man ein Grabmal errichten, das später zu den Musik-Ehrengräbern auf den Zentralfriedhof kam. Die gegenwärtige Grabstätte ziert eine Steinfigur (trauernder Genius), eine Steintafel und ein Säulenstumpf.

Eine Oase in der Stadt

Augarten

II., Obere Augartenstraße 1
www.kultur.park.augarten.org
U4 Friedensbrücke

Man muss Wien nicht verlassen, um einen Spaziergang in der Winterluft oder sogar im Schnee machen zu können. Wie in einer Oase der Stille, ganz abseits vom Trubel der Stadt fühlt man sich in den schönen historischen Landschaftsparks Wiens. Ein solcher Erholungsort ist der barocke Augarten im zweiten Bezirk.

Der Kies knirscht unter den Schuhen, wenn man die schmalen, schnurgeraden Alleen, die von richtig hohen „Baumwänden" gesäumt sind, entlang schreitet. Unvermittelt stößt man dann auf den verwilderten Teil des Augartens, der mit verborgenen Wegen zu einem Abstecher auf weichem Waldboden lockt. Keine Angst, verirren kann man sich nicht so leicht, denn die beiden Flaktürme – ein nicht gerade hübsches Überbleibsel aus dem Zweiten Weltkrieg – sind als Orientierungspunkte fast von überall zu sehen. Geht man die Kastanien-Hauptallee Richtung „Faktum", einem therapeutischen Zentrum, kann man – hinter der goldenen Kugel des von Hundertwasser gestalteten Fernwärmewerks Spittelau – bis zum Kahlenberg und Cobenzl sehen.

Wiens ältester Barockgarten wurde 1650 von Kaiser Ferdinand III. in Auftrag gegeben, 1712 erhielt er seine heutige Form. Drei Jahre später durfte auch die Wiener Bevölkerung den Park nutzen, hatte ihn doch Kaiser Joseph II. als „Erlustigungsort" für alle Wiener Bürger freigegeben. Im Gegensatz zu seinen Vorgängern liebte er den Augarten ganz besonders und wählte ihn auch für sich selbst zum Frühjahrs- und Sommerwohnsitz (anstelle von Schönbrunn,

wie seine Mutter Maria Theresia). Er ließ sich einen englischen Garten anlegen und darin ein einfaches kleines Wohnhaus, das Kaiser-Joseph-Stöckl, erbauen. Der Kaiser investierte viel in die Gestaltung des Parks. Seine Neuerungen waren vor allem auch deshalb so bemerkenswert, weil sie nicht nur zur „Veredelung des Gartens" gedacht waren, sondern der Bevölkerung Freude und Erholung bringen sollten.
Die Wiener nutzten das Angebot, der Augarten wurde schnell ein viel besuchter Volkspark, aber auch Zentrum des kulturellen Lebens. Besonders beliebt waren die Konzerte, die Mozart, Beethoven, Schubert, Strauß und Lanner im Augarten gaben. Eine besondere Attraktion waren die Morgenkonzerte, die je nach Jahreszeit um 7 oder 8 Uhr früh begannen. Das erste dieser Konzerte für Frühaufsteher leitete am 26. Mai 1782 niemand Geringerer als Mozart. Auch die berühmte Kreutzersonate von Beethoven erlebte hier 1803 ihre Uraufführung. Ein Kulturpark ist der Augarten auch heute noch – die Wiener Sängerknaben, die Porzellanmanufaktur Augarten, das Filmarchiv Austria haben hier ihren Sitz.◂

Einen Abstecher wert ist die Pfarrkirche Muttergottes im Augarten. Die Kirche ist ein reiner Holzbau, was ihr eine besonders heimelige Atmosphäre verleiht. Dieser Eindruck wird auch durch die 22 Glasfenster (sie zeigen das Leben Marias von der Geburt bis zur Krönung im Himmel), die das einschiffige Innere der Kirche in ein warmes Licht tauchen, verstärkt. Die Gestaltung des Inneren ist bewusst schlicht gehalten – in Erinnerung an ihren ursprünglichen Zweck als Notkirche in den Kriegsjahren.

Durch den winterlichen Wald

Lainzer Tiergarten

XIII., Hermesstraße/Lainzer Tor
Tel. 804 13 24
www.wien.gv.at/wald/lainz-tg/
U4 Hietzing, dann Straßenbahn 60 Hermesstraße, dann Bus 60B Lainzer Tor

Mit der richtigen Kleidung und ein bisschen Zeit kann man in Wien im Winter nicht nur gemütlich spazieren, sondern auch kleine Wanderungen unternehmen. Besonders beliebt ist der 2450 Hektar große Lainzer Tiergarten im 13. Bezirk. Dieser letzte Rest des Wienerwaldes am Stadtrand ist Heimat von vielen Tieren und Pflanzen. Viele Kinder kommen hierher, um die Wildschweine zu sehen. Doch auch Hirsche, Damwild, Rehe und Mufflons leben hier frei, und viele seltene Vögel und Insekten haben im Tiergarten ihren Lebensraum.

Falls Sie Mufflons oder Damhirsche aus nächster Nähe betrachten möchten, gibt es bei der täglichen Schaufütterung um 14 Uhr die Möglichkeit dazu (Schaugehege beim Lainzer Tor). Die Wildschweine sorgen mit dem Umwühlen von Wiesenteilen übrigens dafür, dass in den dadurch lockeren und offenen Böden seltene, im Wiener Raum teilweise schon ausgestorbene Pflanzen leben können. Seit 1941 ist der Lainzer Tiergarten Naturschutzgebiet. Von Anfang an standen nicht die Holznutzung, sondern der Tierbestand und die Jagd im Lainzer Tiergarten im Vordergrund. Resultat davon sind imposante Eichen- und Buchenwälder, die teilweise über 400 Jahre alt sind. Hier kann man herrliche Wanderungen unternehmen, wie zum Beispiel die vom Lainzer Tor über die Hermesvilla zum Rohrhaus. Von dort genießt man eine herrliche Aussicht auf Wien.

Das Areal wurde 1270 erstmals als „Auhof" urkundlich erwähnt, seit 1457 ist er als „Thier- und Saugarten" bekannt, in dem der Kaiserhof sein Jagdgebiet hatte. Die Mauer, die den Tiergarten umgibt, wurde erst 1782 bis 1787 errichtet. Maurermeister Philipp Schlucker erhielt den Auftrag dafür, weil er den Bau so günstig angeboten hatte. Die Wiener Bevölkerung befürchtete daraufhin, er werde verarmen (was jedoch nicht eintrat) – doch der Begriff „armer Schlucker" ist bis heute geläufig. Seit 1919 darf auch die Bevölkerung – anfänglich nur am Wochenende – in den Lainzer Tiergarten.

In den historischen Räumen der Hermesvilla ist ein Café Restaurant eingerichtet. Stärken Sie sich wie zu Sisis Zeiten im Rosa Salon oder im Korfu Salon.
XIII., Lainzer Tiergarten
Tel. 804 13 23

Inmitten des Areals liegt die Hermesvilla, das „Schloss der Träume" Kaiserin Elisabeths. 1881–1886 vom Ringstraßenarchitekten Carl von Hasenauer erbaut, war sie ein Geschenk Kaiser Franz Josephs. Er verband damit wohl die Hoffnung, seine Frau würde mehr Zeit in Wien verbringen. Persönliche Dinge und original erhaltene Einrichtungsgegenstände des Kaiserpaares sind in der Dauerausstellung im ersten Stock der Villa zu sehen. Außerdem ist die Hermesvilla laufend Schauplatz interessanter Sonderausstellungen. Die Öffnungszeiten des Lainzer Tiergartens richten sich nach der Tageszeit (ab 8 Uhr, im Winter wird zwischen 17 und 18 Uhr geschlossen). Der Zutritt empfiehlt sich über das Lainzer Tor, da im Winter nicht alle Tore des Parks geöffnet sind.◂

Ortsregister

Kulinarisches

Stichwortregister

An unsere Leserinnen und Leser

Alle Informationen in diesem Buch wurden von Autorin und Lektorat sorgfältig geprüft und stammen aus sicheren Quellen. Trotzdem können sich Änderungen ergeben, und inhaltliche Fehler oder Auslassungen sind nicht völlig auszuschließen. Für eventuelle Fehler können die Autorin, der Verlag und seine Mitarbeiter keinerlei Verantwortung und Haftung übernehmen.
Ihre Meinung ist uns jedoch wichtig, daher freuen wir uns über Rückmeldungen, Ergänzungsvorschläge, Tipps und Korrekturen. Schreiben Sie uns an: metro@lesen.at

wienfacetten-Führer gehen immer von konkreten Orten aus, zu denen es einen thematischen Bezug gibt. Jeder Ort wird daher mit seiner Adresse, Telefonnummer und wenn vorhanden der Homepage angeführt. Bei allen Orten weisen wir auf die günstigste öffentliche Verkehrsverbindung hin. In den umrahmten Kästchen finden Sie Zusatzinformationen, Tipps und Hinweise zu besonderen Details am jeweiligen Ort. Da die Aufnahme sämtlicher thematischer Bezüge den Rahmen der Reihe sprengen würde, konzentrieren wir uns hier auf 70 ausgewählte Tipps.

Sonja Urich, geboren 1968 in Niederösterreich. Studium der Romanistik und Geschichte in Wien. Arbeitet im Bereich Hotelmarketing.